La pensée du philosophe Kä Mana

Points de vue

Collection dirigée par Denis Pryen

Dernières parutions

Noël Bertrand BOUNDZANGA, *Le Gabon, une démocratie meurtrière*, 2016.

Paulin HOUNSOUNON-TOLIN, Droits de l'homme et droits de la femme, *Regard historique, philosophique et politique ou évidence d'une secondarité,* 2016

Donatien ROBÉ et Serge BLAFOND, *Le forfait sanitaire au secours de la couverture maladie universelle en Côte D'Ivoire*, 2016

Miki KASONGO, *Le non-progrès de l'Afrique, Étude d'une responsabilité partagée*, 2016

Fugain Dreyfus ENJEGANDEYO YEPOUSSA, *Plaidoyer pour la paix en Centrafrique* ,2016

Almamy Mamadou WANE, *La cuisine françafricaine. Quand le poétique rejoint le politique,* 2016.

Jean-Joseph ATANGANA, *Nelson Mandela, L'Étoile du Sud*, 2015

Blaise NSIMBA, *Marre d'être un Afrifaim !, Petit plaidoyer pour un complexe constructif*, 2015

A.O.T DIALLO, *La Guinée-Conakry de janvier 2007 à décembre 2010. Chronique et réflexions sur une transition militaire ratée*, 2015.

Joseph WOUAKO TCHALEU, *L'évolution actuelle du Cameroun*, 2015

Johnny Vianney BISSAKONOU, *L'autre version de la crise centrafricaine*, 2015.

Léonard MESSI, *Les sept péchés capitaux du régime de Biya*, 2015.

Karfa Sira DIALLO, *Sénégal-France, Mémoires d'Alternances inquiètes*, 2015

Moussa SANON, *Blaise Compaoré ou la fin non-glorieuse de « Monsieur Bons offices »*, 2015

Jacques SOM, *Non, l'Afrique Noire n'est pas maudite !*, 2015.

Mohamed AMARA, *Le Mali rêvé*, 2015.

Jérôme KABLAN BROU, *L'autre Côte d'Ivoire ou l'alter-émergence. Élections présidentielles 2015*, 2015.

Roger KAFFO FOUKOU, *Eduquer pour une mondialisation humaniste*, 2015.

Albert MOUTOUDOU, *L'hypothèse panafricaniste*, 2015.

Martin KUENGIENDA, *L'Afrique est-elle démocratisable ?, Constitution, sécurité et bonne gouvernance,* 2015.

Laurent LWANGA FALAY

LA PENSÉE DU PHILOSOPHE KÄ MANA

Redynamiser l'imaginaire africain

Préface de Miki KASONGO

L'Harmattan

Photographie de couverture : auteur

La Femme au cœur de l'Afrique, symbole de la fragilité du continent mais aussi son espérance dans le futur qui se lit dans l'expression de ses yeux tristes de son passé douloureux et tournés décidément vers le futur. Mais l'Afrique doit d'abord commencer par croire et partir d'elle-même, voilà l'expression de **l'Arbre** au cœur du continent. Les différentes **Couleurs** traduisent la diversité de ses grandes Richesses. L'avenir prochain du monde c'est bientôt l'Afrique

5-7, rue de l'École-Polytechnique ; 75005 Paris

http://www.editions-harmattan.fr

ISBN : 978-2-343-11338-8

EAN : 9782343113388

PRÉFACE

Aujourd'hui, plusieurs « mythes-obstacles » semblent s'immortaliser dans l'esprit de différentes générations au sujet du statut de l'Africain. Pour les uns, l'Africain ne fait pas partie de l'histoire du monde, car il n'a ni mouvement ni progrès à montrer ; pour d'autres, le monde évolue, l'Africain aussi. Comment l'Africain doit-il s'éveiller pour déconstruire ces mythes qui font obstacle à sa réalisation ? Qui peut défataliser l'Africain et son histoire ? Plusieurs penseurs ont entrepris des projets de déconstruction de ces mythes-obstacles qui font de l'Africain un être toujours « imitant », mais non pas « imité », tel est le cas de Laurent Lwanga. Par ses recherches, il nous permet aujourd'hui de transcender ces barrages dressés contre l'Africanité.

La pensée du philosophe Kä Mana

Redynamiser l'imaginaire africain

Ce titre donne à penser. Pourquoi Laurent Lwanga veut approfondir la pensée de Kä Mana ? Parce que Kä Mana a vu juste. Dans ses recherches, il stigmatise bien les paralysies de l'Afrique. Il s'agit des représentations, des visions et des images viciées qui fragilisent l'Africain, en développant en lui un rapport traumatique à son passé, une perception pessimiste de son présent et une relation inféconde avec son avenir. L'Africain rêve d'un système de rattrapage pour construire son imaginaire, il n'est pas en avance, il est dans la copie perpétuelle de ce que font les autres. S'inspirant de Kä Mana, Laurent Lwanga estime qu'il serait nécessaire de casser ce qui fait défaut à l'imaginaire de l'Africain pour construire quelque chose d'autre. Trois logiques s'imposent pour y parvenir : la logique de l'efficacité, la logique de l'éthique du bien et du mal, ainsi que la logique de la spiritualité. Ceci permettrait aux sociétés africaines de créer une nouvelle destinée, celle de la grandeur, celle de l'émergence et celle du développement durable.

Pour bien défataliser l'Africain et son histoire, il importe de trouver des intelligences nouvelles et des imaginations qui conduisent à « l'afro-optimisme ». C'est dans cette optique, que Laurent Lwanga, comme Kä Mana, propose de « changer les mythes qui nous font rêver en des problèmes qui nous font réfléchir ; transformer les problèmes qui nous font réfléchir en énergies qui nous font agir. »

Dans cet ouvrage d'analyse et de compréhension, Laurent Lwanga cherche à pénétrer les causes de la crise généralisée que connaît le continent africain. Faut-il les situer dans l'imaginaire utopiste que se font les Africains ? Cet ouvrage articule une réponse en quelques mouvements : le premier se situe autour du cadre de l'imaginaire négro-africain, le second se penche sur les mythes de l'imaginaire social négro-africain en y proposant des perspectives herméneutiques, et le troisième concerne un nouvel ordre éthique et politique et éducatif. La visée de l'auteur est de faire un travail indispensable de décolonisation, de dynamisation de l'imaginaire africain, en vue de développer le pouvoir créateur des sociétés africaines et de créer un nouvel imaginaire, qui n'est ni passéiste ni utopiste, mais réaliste. Laurent Lwanga termine sa réflexion par un message d'espérance, un message fort, qui invite les Africains à investir dans le domaine de l'information, de la formation et de l'éducation ; car l'ignorance, estime l'auteur, est la première cause de la misère de l'homme. Là où manque véritablement une formation solide, le taux de pauvreté est en croissance et l'exploitation de l'homme par l'homme trouve un terrain riche et fertile.

Ce qui fait l'originalité de ce présent ouvrage, c'est à la fois l'humilité et la perspicacité de l'auteur de ne pas prétendre proposer une nouvelle voie, mais d'enrichir les aspects mis en évidence par Kä Mana. Le parcours que nous propose Laurent Lwanga trouve ses fondements, d'une part dans la critique des mythes africains, qui ne favorisent pas toujours le développement de l'imaginaire, et d'autre part dans la peur. C'est pourquoi il suggère que l'Africain puisse réveiller et secouer son imaginaire non pas en se comparant à d'autres mais en trouvant son originalité propre, qui fera de lui un modèle à imiter.

Ainsi, je suis pleinement d'accord avec Laurent Lwanga dans sa démarche logique en vue de la dynamisation de l'imaginaire africain. Les moyens les plus efficaces pour y arriver forment une trilogie : l'information, la formation et l'éducation. Cette trilogie permettrait de combattre l'ignorance qui est un vecteur de l'imaginaire utopiste qui plane sur l'Afrique. Le défi nous est lancé, aurons-nous l'audace de le relever ?

Miki Kasongo,

Philosophe et essayiste

INTRODUCTION

Ma curiosité pour les recherches de Kä Mana naît d'une expérience vécue quand j'avais encore quinze ans lors d'un voyage historique qui a beaucoup marqué ma vie. À Kabondo Dianda une localité où mon père assumait la fonction de manœuvre dans la Société Nationale de Chemin de Fer Congolais (SNCC). Cette année-là, au mois de juillet, pour subvenir à certains de mes modestes besoins avant la rentrée scolaire je fus contraint de faire un voyage de 60 km, réparti en deux grands moments. Le premier couvrait les 45 premiers km à vélo et le deuxième les 15 autres restants en pirogue. Je n'avais aucune expérience de la route et, à côté de moi, un aîné mystérieux ; chaque fois que je lui demandais combien de temps il nous restait jusqu'à la destination, me disait toujours : dans quelques trente-quarante minutes.

Après la première phase à vélo, la deuxième fut donc le tour de la pirogue. Un voyage de quinze km qui me sembla une éternité. Le conducteur avait des points de repère, et il était seul à savoir où il nous conduisait, parce qu'au cœur de ce grand lac Upemba, on ne voyait ni d'où on venait et encore moins où on allait. Quand nous fûmes arrivés, le jour suivant, il fit terriblement froid et j'eus l'idée innocente d'aller chercher du bois de chauffage. Dans la zone, en effet, se trouvaient quelques manguiers et, ça et là, éparpillés, des arbres secs. Avec détermination je me dirigeai vers l'un de ces arbres secs pour en couper les branches et enfin me réchauffer, quand soudain je vis venir une dizaine de gens qui criaient et hurlaient de colère, disant que j'avais blessé le grand parent, que pour eux, cet arbre était leur histoire généalogique et le totem de leur famille. Je n'y compris rien tout de suite, mais par déduction, je finis par comprendre qu'étant donné que cette zone n'avait pas assez d'arbres, il fallait, pour leur protection, les entourer de mythes. Parce que la force de ces mythes, c'est aussi leur capacité et leur pouvoir de s'imposer dans l'histoire et dans le temps et d'imposer leur force de résistance à l'ouragan de l'histoire.

Pour comprendre les préoccupations fondamentales, les quêtes et les aspirations majeures gouvernant l'imaginaire et l'image que la société négro-africaine a d'elle-même, pour découvrir les problèmes qu'elles soulèvent, leurs enjeux, leur sens, leur portée et leur principe de fonctionnement, Kä Mana[1], philosophe et théologien originaire du Congo Démocratique vivant à Dakar au Sénégal où il est pasteur d'une paroisse protestante, propose d'analyser et de comprendre l'imaginaire social de l'Afrique noire contemporaine.

L'imaginaire selon Castoriadis Cornélius

> *« Il est au centre de la création sociale comme surgissement d'une nouveauté radicale, développement d'une pensée philosophique de l'imaginaire qui induit de nouveaux contenus de connaissance dans le cadre d'une conception originale du social-historique et du rapport entre psyché et société. »*[2]

Lorsque notre auteur parle de l'imaginaire, il fait allusion à l'ensemble des mythes, des utopies et des espérances collectives constituant l'idée globale que la société négro-

---

[1] Son vrai nom est MANA KANGOUDIE. Cfr NTAKARUTIMANA E., KÄ MANA « L'Afrique va-t-elle mourir ? Nouveaux mythes de la société africaine et éthique politique », in *Zaïre – Afrique*, n° 261, Kinshasa, janvier 1992, p. 58.

[2] *Vocabulaire de psychosociologie,* p. 427.

africaine a d'elle-même et de sa destinée dans le monde. Il ressort de cette analyse de Kä Mana que l'imaginaire social négro-africain est de caractère fondamentalement mythologique, c'est-à-dire qu'il a tendance à dramatiser les questions afin de les traiter dans un état de tension qui empêche toute remise en question sérieuse de soi-même. Le Négro-Africain est tellement obsédé par le désir de résoudre très rapidement ses problèmes existentiels qu'il tend à les enfermer dans des idéologies dont les mots transforment les espérances en visées oniriques.

L'auteur se penche sur six mythes qu'il estime être au centre de l'imaginaire social négro-africain. Il s'agit du mythe de l'Occident, vers lequel l'espoir négro-africain est tourné en même temps qu'il nourrit l'idéologie d'une accusation de cet Occident ; du mythe de l'identité culturelle, qui est une sorte de revendication des valeurs purement africaines ; du mythe de l'indépendance, dans lequel l'indépendance se présente comme la réponse ardente et saine à tous les problèmes négro-africains ; du mythe du développement ; du mythe de la libération ; du mythe de la démocratie et du pluralisme politique. À la fin de son analyse, l'auteur définit les enjeux majeurs de la mutation de l'imaginaire négro-africain contemporain en ces termes : *« Changer les mythes qui nous font rêver en des problèmes qui nous font réfléchir ; transformer les problèmes qui nous font réfléchir en énergies qui nous font agir ; convertir ces énergies de profondeur en nouvelles raisons de vivre et de mourir, en nouvelles forces de vie pour croire et pour espérer ».*[3]

Notre travail est un essai analytico-compréhensif de cette pensée de Kä Mana, essai que nous situons dans un cadre métaphysique, herméneutique, social, politique et éducatif.

---

3 KÄ MANA, *L'Afrique va-t-elle mourir ? Bousculer l'imaginaire africain. Essai d'éthique politique,* Cerf, Paris, 1991, P. 211.

Si nous avons opté pour ce sujet, c'est parce qu'il s'inscrit dans l'ordre de la recherche des questions soulevées par la situation négro-africaine, tout en leur proposant des voies de décantation, car c'est un fait que nul ne peut rester indifférent à cette situation en lui étant concerné.

Faudra-t-il situer la cause de la crise généralisée que connaît notre continent au niveau de notre imaginaire social ? Quelles peuvent en être les issues ? Telle est la problématique à laquelle nous essayons de répondre dans les quatre chapitres suivants. Le premier s'articulera autour du cadre de l'imaginaire négro-africain, le second se penchera sur les mythes de l'imaginaire social négro-africain et proposera des perspectives herméneutiques, et le troisième avant de conclure concernera un nouvel ordre éthique et politique et éducatif.

CHAPITRE I

L'IMAGINAIRE SOCIAL ET NÉGRO-AFRICAIN

I. L'imaginaire, un excursus historique

Avant de parler de l'imaginaire en général et de son parcours dans l'histoire, disons un mot sur l'image. De l'étymologie latine – imago – l'image vise originairement les traits de ressemblance dont se trouve marquée une représentation. Ce concept se trouve employé dans différentes acceptions d'après le *Nouveau Larousse Universel* à savoir : la reproduction visuelle d'un réel, la représentation artistique d'un réel, la représentation analogique d'un être, la représentation symbolique d'un fait, l'expression de l'abstrait par le concret, la représentation mentale d'une perception antérieure, la reproduction onirique des phénomènes, etc.

Selon Burgos, *« L'image est le ressort essentiel de la poésie, le moteur de la fonction poétique*[1] *».*

Nous pensons qu'une enquête visant à préciser en outre le concept d'imagination peut nous être utile dans la compréhension de l'imaginaire Kä Manien. Par imagination, on entend la capacité de se représenter la chose non présente

---

[1] BURGOS cité par KÄ MANA, *Une poétique philosophique, de l'anthropologie de l'imaginaire à l'esthétique évocative, essai,* Ed. Noraf, Belgique, 1986, P. 57.

en acte de sensation.[2] Ce concept a constitué l'objet de réflexion de grands philosophes au cours de l'histoire. Nous ne les abordons pas tous, seuls certains d'entre eux ont constitué l'objet de notre attention. Le terme *Imagination* dans l'histoire de la philosophie coïncide à un certain moment avec celui de *fantaisie*[3], c'est seulement dans la dernière période de l'histoire de la pensée que les deux termes synonymes seront utilisés de manière diverse appliqués à des réalités diverses.

1. Platon

Platon pensait que le siège de l'imagination était le foie[4] dont la partie superficielle translucide représente les images sensibles[5]. Dans la théorie dite de la ligne, Platon distingue quatre degrés de connaissance où l'imagination (en grec ancien : εἰκασία) n'a pas le sens de fiction ni de fantaisie, mais celui de capacité de voir dans les images perçues une réalité certes inférieure à celle des images sensibles, mais située néanmoins elle aussi dans le champ de la connaissance.

En fait pour Platon, la réflexion des images pourrait provenir à la fois du monde réel et des apparences sensibles des choses extérieures ; c'est à travers le travail des dieux, à travers la divination que se forment les images transmises, réfléchies par les dieux.

---

2 *Enciclopedia Garzanti di Filosofia,* 1981.

3 ARISTOTELE *in L'anima, III, 3, 429a 2.*

4 M. LINDA. V. NAPOLITANO, *Platone e le "ragioni" dell'immagine : percorsi filosofici e deviazioni tra metafore e miti,* Vita e Pensiero, 2007 p.238.

5 PLATON, *Timée*, 71a sgg.

2. Aristote

Pour Platon, l'imagination peut être autant « terrestre » que « céleste », comme pour Aristote, en réponse à sa philosophie « scientifique », l'imagination est toujours connectée à l'image sensible assurant ainsi ses avantages cognitifs. L'imagination est donc « un mouvement de produit de la sensation en place »[6].

L'imagination fait partie du processus d'apprentissage, car elle aide à former effectivement l'image liée à celle reçue, en vertu :

- de ses propres données sensibles, par exemple la saveur au goût, la couleur à la vue ;
- de ses données sensibles communes, par exemple la masse, le mouvement, la figure ;
- de ses données sensibles accidentelles, qui interviennent occasionnellement, par exemple. Un goût déplaisant[7].

Au moment de l'impression en place, cependant, l'image disparaît, car elle est dominée par la force et l'intensité de la perception sensorielle. Au contraire, lorsque les données sensibles manquent, ce sont des images qui prévalent et parfois elles se présentent sous la forme de visions : cela se produit par exemple dans les rêves [8].

La conception aristotélicienne de l'image créée par l'imagination et connectée en permanence à l'activité sensible se prolonge tout au long de l'histoire de la philosophie antique, jusque dans la thèse platonicienne, comme chez Plotin.

---

6 ARISTOTE, *L'anima*, III, 3, 429a 1.

7 ARISTOTE, *L'anima, III*, 3, 428 b, 18-30.

8 ARISTOTE, *Sonno e veglia*, III, 461a, 2 sgg.

3. Plotin

Selon Plotin, le processus de formation d'image, tel que décrit par Aristote, conduit l'intellect à former des imaginations faisant partie du complexe diversifié de choses sensibles qui tend à l'Un, ce point culminant néoplatonicien de toute réalité. Ensuite, l'imagination est non seulement un droit humain, mais un aspect particulier de l'Être comme **νούς** pour l'intelligence, et la **ψύχη** pour l'âme. Quand il émane de l'Un, la variété des institutions sensibles se fait par étapes, selon la procédure de la médiation dont la dernière étape est l'âme, qui améliore l'imagination et donne forme à la matière.[9]

La doctrine néo-platonicienne sur cette question se poursuit dans la pensée ancienne avec Synesius et au Moyen Âge avec Hugues de Saint-Victor.

Elle a prospéré au cours de la Renaissance où la doctrine néo-platonicienne de l'imagination est largement développée par Marsile Ficin et Giordano Bruno.

4. Giordano Bruno

Bruno, dans sa théorie de l'imagination, se connecte à la mnémotechnique : un savoir universel où toutes les notions particulières sont détenues par des idées, des « topoi », images qui se réfèrent à d'autres idées que l'imagination a le pouvoir de saisir dans leur similitude et leurs affinités. Si l'imagination chez Aristote effectue une médiation cognitive entre les sens et l'intellect, et chez Platon une faculté qui met en relation le monde des idées et le monde sensible, pour Bruno, la possibilité de former des images joue le rôle d'une médiation universelle pour laquelle « tout forme tout et est formé de tout (...) et nous pouvons être portés à

---

9 PLOTIN, *Ennéades,* IV, 4,13.

trouver, à rechercher, enquêter, juger, argumenter, nous rappeler toutes choses à travers chaque autre. »[10]

5. Empirisme

Pour la pensée empirique du XVIe siècle, l'imagination, dépourvue de référence métaphysique, comme c'était le cas chez Giordano Bruno, est considérée comme la capacité d'établir des liens entre les choses les plus éloignées l'une de l'autre, mais, pour François Bacon, cette capacité met en œuvre entre ces choses le mariage et le divorce illégaux.

II. L'imagination et l'art

La connexion qui existe entre l'imagination et l'art à l'époque moderne était totalement exclue dans le monde antique. Il était admissible de parler de la « fantaisie », surtout à l'ère hellénistique, où elle était considérée comme la capacité de l'orateur et du poète d'embellir formellement l'image avec le discours ou la poésie.[11]

Quant aux temps modernes, la pensée scientifique se définit et progresse et la séparation entre connaissance et imagination s'approfondit alors. L'imagination est alors assimilée à la faculté ou la veine poétique.[12]

1. Vico

Ce penseur pourrait être présenté comme précurseur de la pensée kantienne et de l'idéalisme, avec sa doctrine des « universelles imaginatives ». Selon lui, en effet, l'imagination établit un lien entre la poésie et la

---

10 G. BRUNO, *Sigillus sigillorum, in Opera latina,* II, 2, p.208.

11 QUINTILIANUS, *Institutio oratoria, VI, 2.*

12 F. BACON, *De dignitate et augmentis scientiarum, II, 1.*

transformation des connaissances exprimées dans l'histoire[13].

2. Hobbes

La fantaisie, selon Hobbes[14], peut se manifester dans les limites de ce qu'il appelle « discrétion » au sens originel du terme ; c'est-à-dire la capacité de discerner, de distinguer rationnellement les idées et du « bon sens social ». Pendant la période de l'empirisme anglais, puis les siècles des Lumières, l'art et la poésie avaient l'unique fonction par rapport à la cohésion sociale. La fantaisie ne peut pas s'exprimer dans l'art sans règles, mais doit chercher une légitimité dans la considération sociale.

3. Kant

Kant rompt avec cette conception selon laquelle l'art et l'imagination doivent se conformer à la vie sociale : « Autrement la fantaisie devient une ''Imagination qui produit des images sans le vouloir''[15]. »

Le « fantastique » joue avec l'imagination, mais il est en même temps « joué » par elle.[16]

L'imaginatif, en fait, se contrôle et met des limites à l'irréel, alors que la fantaisie déborde parfois et opère de manière tout à fait irrationnelle. Kant reprend alors la théorie aristotélicienne de la capacité cognitive de l'imagination et, dans certaines limites, il fait référence à celle néo-platonicienne dans sa fonction unificatrice, capable de

---

13 P. FABIANI, La filosofia dell'immaginazione in Vico e Malebranche, 2002, Firenze University Press.

14 HOBBES, *Leviathan, I, 8.*

15 KANT, *Antropologia, I, 28.*

16 KANT, Ibidem, *I, 31.*

rendre manifeste l'homogénéité entre les choses. Kant distingue[17]

- une imagination reproductive, la capacité de faire émerger dans l'esprit les objets précédemment intuitionnés ;
- une imagination productive, qui coïncide avec la fonction des intuitions pures de l'espace et du temps.

Au sens large dans la *Critique du jugement*, le libre jeu de l'imagination avec l'intellect et la raison produit l'expérience du beau et du sublime, mais aussi, avec la conception kantienne du « génie » et du « beau » comme symbole de la morale, anticipe les conceptions romantiques de l'idéalisme de Fichte et de Schelling.

4. Idéalisme

Chez Schelling, la fonction cognitive de l'imagination devient centrale dans sa doctrine qui transfère la fonction unificatrice du réel à l'idéal, de la nature avec l'esprit et en s'exprimant dans l'art devient l'organe de la philosophie.

Avec Hegel, pour la première fois, l'imagination est distincte de la fantaisie : la première a la fonction d'une simple reproduction d'images, tandis que la seconde a une réelle capacité créatrice, en ce sens qu'elle est « l'imagination symbolisante, allégorisante et poétisante »[18].

Dans le cadre du romanticisme de l'imagination Friedrich Schlegel avait élaboré une théorie approfondie qu'il appelait « le souffle de l'âme », ce qui lui donne une fonction théorique et pratique de tout l'univers humain, de telle sorte que l'histoire de l'auto-développement de la conscience

[17] KANT, *Ibidem, I, 28, Critique de la raison pure,* § 28.
[18] HEGEL, *Enciclopedia,* par. 455-457.

humaine coïncide avec celle de l'imagination et de ses produits artistiques.[19]

Tout au long de la seconde moitié du XIXe siècle, après la crise de l'idéalisme, on attribuera justement à l'imagination, pour des raisons autres que celles de Schlegel, la capacité de retracer l'histoire de la conscience de l'homme à travers ses productions artistiques et ses manifestations historiques.

Au début du XXe siècle, Benedetto Croce, dans son *Breviario di estetica* publié en1913 confirme la distinction entre la fantaisie et l'imagination, parce que cette dernière est artistique et l'autre extra-artistique. Cette distinction de Croce sera reprise par Gentile Giovanni qui affirmera que la fantaisie « est pur sentiment et la forme inactuelle de l'esprit subjectif ».[20]

III. Réflexion contemporaine sur l'imagination et l'imaginaire

Au XXe siècle, Jean-Paul Sartre livre une étude approfondie de l'imagination, d'abord dans son ouvrage *L'imagination* (1936), puis dans *L'imaginaire* (1940).

1. L'imagination

Dans la ligne de la phénoménologie de Husserl, Sartre affirme que l'imagination a une puissance « irréalisante » sur les choses, puissance telle qu'à travers elle se réalise la capacité de la conscience d'aller au-delà de la matière et ensuite d'exprimer sa propre liberté.[21]

---

19 SCHLEGEL, *Lo sviluppo della filosofia, libro V.*

20 G.GENTILE, *Filosofia dell'arte* (1931).

21 SARTRE, *L'immaginario,* 1940.

Cette conception de Sartre, fondée sur une reprise utopique du marxisme et de l'hégélianisme, est également celle d'Ernst Bloch ; mais c'est surtout au cours du XXe siècle que deux grandes théories sur l'imagination prendront le dessus : celle de Gaston Bachelard, qui peut être placée entre la psychologie analytique de Jung et l'anthropologie structuraliste, et celle de Lacan, fondée sur une nouvelle interprétation de Freud.

2. L'imaginaire

Ces deux auteurs, Bachelard et Lacan, sont à l'origine du concept de l'imaginaire, selon lequel il s'agit de poser l'attention non sur la faculté imaginative mais sur sa capacité à pouvoir se réaliser dans ses effets, mythes, rêves, poésie, et non pas tant à les interpréter qu'à les analyser dans leur structure interne.

Alors que Bachelard voit dans l'imagination un complément à la pensée scientifique, pour Lacan, au contraire, il faut traiter l'imaginaire d'une manière toute nouvelle : l'imaginaire serait le lieu psychologique des fausses images que le « JE » produit de soi-même, le miroir où se reflète non pas ce que nous sommes, mais ce que nous voudrions être. Ces fausses images de soi sont cependant inévitablement contraintes à composer avec la réalité en produisant continuellement des conflits et des défaites. Si nous voulons retrouver la vraie histoire du « JE » nous devons au contraire la lier à ce que Lacan appelle le « symbole », représenté par le langage et sa valeur sociale.[22]

L'imaginaire, enfin, est défini par l'*Encyclopaedia Universalis*, (volume 8, P. 733), comme « genre de représentation dont c'est l'essence de nous soustraire au déjà

[22] E. BAZZANELLA, Lacan. *Immaginario, simbolico e reale in tre lezioni*, Asterios, 2011.

vu, et d'ériger un monde dont on entend souligner qu'il est sans modèle ». Sa charge sémantique s'étend de la fonction – *res fictae* – aux prodiges – *portenta*.

La relation de l'image à l'imaginaire n'est pas un aspect particulier du problème, mais le problème même de l'imaginaire. En effet, l'image, destinée à reproduire les traits caractéristiques d'un réel, se trouve revendiquée dans l'imaginaire sous les traits d'une quasi-réalité.

Si dans le monde romantique l'imagination suit sa destinée dans le développement des mondes imaginaires, dans la conception psychanalytique, la genèse des processus d'imagination est à situer au sein d'une expérience de langage. C'est l'inconscient qui tend à s'exprimer dans l'écriture du rêve et dans le fantasme. Dans la conception phénoménologique, par contre, l'imagination est la grande fonction « irréalisante » de la conscience, et l'imaginaire en est son « corrélatif noemique » selon Sartre[23]. Mais pour notre auteur, répétons-le, l'imaginaire est cet ensemble de mythes, d'utopies et d'espérances collectives qui constituent l'idée globale que la société négro-africaine a d'elle-même et de sa destinée dans le monde. Et c'est cet imaginaire qu'il faudra bousculer pour sortir le continent de son impasse, de sa « méga-crise ».[24]

Ce parcours historique nous a permis de saisir et de comprendre l'imaginaire dans le sens global pour mieux situer le contexte typiquement africain selon la vision de Kä Mana, vision que nous allons confronter avec celle de certains penseurs africains.

---

[23] J.-P., SARTRE, *L'imaginaire, psychologie phénoménologique de l'imagination,* cité dans Encyclopédie universalis, Volume VIII, P. 733.

[24] KÄ MANA, *Destinée négro-africaine, expérience de la dérive et énergétique du sens*, Ed. de l'Archipel, France, 1987, P. 16.

CHAPITRE II

LE CADRE DE L'IMAGINAIRE SOCIAL NÉGRO-AFRICAIN

I. Le contexte de l'existence et les fonctions herméneutiques

C'est une évidence pour tout esprit sain que chacun à sa manière sur tous les continents vit des crises, mais que l'Afrique noire connaît une situation préoccupante de crise généralisée. Un spot de la Vodacom, une compagnie de communication mobile en République Démocratique du Congo, reprenait souvent et sans avoir froid aux yeux que « le monde se développe, l'Afrique aussi, Vodacom, le meilleur leader dans le monde cellulaire… » et avec cela, elle parvenait à convaincre les consommateurs de la qualité de ses produits, tout en affirmant en même temps que l'Afrique n'est pas le monde. Le pire est qu'elle réussissait. Ce leitmotiv, fièrement fredonné, généralement sans le savoir, affirme la non-appartenance au monde du continent africain. Lorsqu'une région progresse de manière significative, elle cesse simplement d'être l'Afrique, ou bien les raisons de son développement sont à chercher ailleurs : l'Afrique n'est pas une histoire du monde. Son être est statique et ne montre pas de mouvement ou de progrès. Tout ce qui a caractérisé le passé, en particulier dans le nord du continent, trouve sa raison d'être en Amérique ou en Europe.

Au début du XXe siècle, certains penseurs ont osé affirmer que l'Afrique subsaharienne n'avait pas d'histoire. Cela parce qu'une population historique manifestait des traits de développement à travers l'évolution.

L'homme, disait Hegel, c'est son histoire, et l'évolution d'un peuple se manifeste en ce qu'il est capable d'interpréter ou mieux de s'exprimer dans la technologie, dans la science et dans la religion[1]. Notre vie est influencée par notre contexte historique et social. Les conditions économiques et politiques, la science de notre temps peuvent avoir de l'impact sur notre façon de penser, de réagir et de répondre à diverses problématiques. Certains événements, la guerre, la famine, la pauvreté peuvent changer la vision de l'homme et du monde. Eden Kodjo, fils de ce continent, qui au moment où nous sommes en train de rédiger est en République Démocratique du Congo pour un dialogue politique de la paix, avait écrit une lettre ouverte à l'Afrique cinquantenaire. Pendant ce même temps, au Congo-Brazza, du sang coule, puisque l'éternel président ne veut pas quitter le pouvoir ; au Rwanda Kagame accuse le Hutu ; au Burundi se déchaîne une chasse à l'homme ; et même en Afrique du Sud où semblait se vérifier une certaine maturité politique, le président tente de maquiller cette démocratie renaissante ; pour le Burkina-Faso, les élections s'y sont toujours déroulées sous tension politique et aux dernières nouvelles la population s'est décidée de se prendre en charge chassant des acteurs politiques corrompus. Ici ou là, l'Afrique fait parler d'elle. C'est même cela le sens de la lettre ouverte qu'Edem Kodjo adresse à ce vieux continent :

« Comment te nommerai-je ? Mère nourricière ? continent primordial, source et origine de l'humanité ? comment te nommerai-je, toi, Afrique, dont plusieurs de

---

[1] L.G. HEGEL *Introduzione alla filosofia della storia.*, trad. J. Gibelin, Vrin, Paris, 1970, p.79-80.

tes fractures appelées États – peut-on les appeler autrement ?– vont s'aligner frénétiquement, noyant leur chagrin structurel dans une joie éphémère, sans lendemain, procurée par des festivités célébrant le cinquantième anniversaire de leur indépendance ? »[2]

L'auteur reconnaît et salue le courage qu'avaient les Africains en demandant leur indépendance, mais il reste inquiet de voir que ces derniers vivent celle-ci dans la dépendance absolue, totale. L'Afrique ne veut pas respecter son état d'âges et veut rester ce continent à mains tendues dans l'attente de la manne salvatrice, habitude contractée depuis longtemps. Loin de fêter, l'Afrique doit continuellement s'interroger sur ce qu'elle fait de son identité, de son histoire, de sa dignité et de sa liberté.

Nous faudra-t-il nous limiter à cette constatation et nous confondre en jérémiades ? Non, certes, et l'esprit philosophique et théologique l'a compris. Nous devons plutôt chercher les racines de cette situation, afin d'enrayer les maux qui nous accablent et nous enchaînent. Deux philosophes également théologiens se sont penchés sur cette question, ont tenté d'en analyser les causes et ont suggéré quelques hypothèses comme pistes de solution.

1. Kevin Dessinga

Cet écrivain appartenant à une nouvelle génération soutient que les causes du non-départ, ou pire, du handicap mental qui paralyse ce continent sont situées à trois niveaux qu'il regroupe autour du concept de complicité : complicité au niveau international, autrement dit exploitation ; au niveau national, c'est-à-dire injustice ; au niveau personnel, qu'il appelle ignorance. La vision de ce jeune philosophe et

---

2 E. KODJO, *Lettre ouverte à l'Afrique cinquantenaire*, Paris Gallimard, 2010, p. 9.

théologien prêtre catholique requiert une certaine attention de notre part.

2. L'exploitation

Ce n'est pas une exagération si nous disons que l'Amérique et l'Europe contemporaines se sont construites avec le sang et la sueur des Africains. L'ex-président Jacques Chirac l'avait déclaré ouvertement dans une interview : « *Pour des raisons d'honnêteté, nous devons reconnaitre que l'argent que nous avons dans nos banques vient de l'exploitation des pauvres Africains.* »

Plus récemment, François Hollande a reconnu l'effort des Harkillais de l'Algérie ce 25 septembre 2016, pour qui une cérémonie spéciale avait été organisée.

La traite esclavagiste et la colonisation ne sont que l'emblème visible et palpable de cette exploitation, affirme Kevin Dessinga. L'économie du marché africain est fixée par l'Occident. Toujours en complicité avec certains Africains fils de leur terre, le sol et le sous-sol continuent à être un bien privé des Occidentaux[3]. Il n'est pas étonnant de se réveiller le matin et de réaliser que la portion de terre laissée par nos ancêtres est déjà une propriété privée d'une société minière. Comme l'exprime si bien cette association des Oubliés de la Planète : une source préférant garder son anonymat par peur de représailles nous a contacté ce 26 juin 2015, pour lancer un cri d'alarme sur la situation actuelle à la cité Gécamines kolwezi, au Katanga.

Suite à cette nouvelle accablante, l'association Les Oubliés de la Planète tient à communiquer à la communauté, tant nationale qu'internationale, cette information provenant d'une source très sûre, information selon laquelle le

---

[3] G.K. DESSINGA, *Cosa manca all'Africa ?* Roma, Albatros, 2013, p.30.

gouvernement congolais aurait vendu aux Chinois de l'entreprise COMMUS l'ancienne mine de la Gécamines Kolwezi. Ces derniers voudraient démolir la cité Gécamines Kolwezi, cité dont les maisons ont été vendues aux agents Gécamines en compensation à leur décompte finale.

Cette société chinoise, COMMUS, en collaboration avec les autorités de la ville de Kolwezi, se serait rendu compte que la cité de Gécamines se trouverait sous un gisement très important de minerais de toutes sortes. Ils auraient donc décidé de sacrifier les habitants de cette cité, en détruisant ce lieu historique qui fait partie de l'histoire minière du Katanga, pour exploiter les minerais qui s'y trouvent.

Aujourd'hui, les agents de Gécamines ne savent que faire ni à qui se vouer et plaident pour que leur cité ne soit pas détruite, car ils n'auraient alors nulle part où aller. Le maire de la ville de Kolwezi serait largement impliqué dans cette affaire.

L'association Les Oubliés de la Planète (ODP), par l'entremise de son directeur exécutif, Jean-Luc Kienge, condamne et déplore cette « vente illégale », l'expropriation, et l'intention de destruction de la cité de Gécamines, cette dernière incluant plusieurs maisons. Cette destruction condamnerait plusieurs familles à être des sans-abris.[4]

Ces informations sont dignes de confiance, d'autant plus qu'elles expriment la réalité que connaît et vit quotidiennement le Congo Kinshasa.

Actuellement, nous assistons à un grand phénomène de déplacement involontaire. Des jeunes, des adultes, des vieillards sont obligés de laisser leur terre derrière eux. Pour la première fois dans l'histoire de l'humanité se vérifie un phénomène migratoire imposé de force. Si avec la traite des

---

4 https://www.facebook.com/ckienge/posts/991383124281674

milliers des familles avaient été contraintes de se disloquer pour soutenir l'économie occidentale, actuellement avec le néocolonisme, c'est de l'intérêt de la nouvelle économie qu'il s'agit. Le phénomène des immigrés met en crise les valeurs occidentales des droits de l'homme. Nous assistons là à la manifestation des sociétés liquides dont parle souvent Bauman. L'Occident a pressé jusqu'à l'extrême les populations pauvres au point que ces dernières sont contraintes de trouver refuge ailleurs.

Menacés dans leur vie, le léopard et l'antilope deviennent amis et tous peuvent partager le même refuge. Ici encore, nous retrouvons l'adage de l'ex-président du Zaïre, M. Mobutu, quand il affirmait que sous l'ouragan de l'histoire, mûrs ou pas mûrs, les fruits de l'arbre finissent par tomber. L'exode rural ne prendra jamais fin si l'Europe cherche à construire sa nouvelle industrie sur les richesses des pays africains ou du Moyen-Orient et si en Afrique demeure cette manie de vouloir lécher en les mordant les dictateurs tyrans éternellement maintenus au pouvoir. Voilà pourquoi, en deuxième analyse, Kevin Dessinga parle de l'injustice.

3. L'injustice

C'est la complicité au niveau national ou mieux, local. Quand le penseur américain d'origine indienne, Parag Khanna[5], il parle de l'Afrique, il se réserve de faire usage du mot État ou mieux nation. Selon lui, l'État implique une prise de conscience des citoyens et de ses gouvernants. En Afrique, il n'y a pas d'État quand il s'agit de fractions de terres divisées arbitrairement. Nous estimons que pour bien comprendre le sens que l'auteur accorde au concept d'injustice, il convient de faire une analyse précisant le

---

5 P. KHANNA, *Come si gorvena il mondo*, Roma, Fazi editore, 2011.

concept de la justice dans sa dimension distributive. En effet, on ne peut pas parler de justice, sans rappeler le grand penseur médiéval, saint Augustin. De toute évidence, il est un penseur exigeant dans tous les sens du terme. Homme-clé de l'émergence du moi en Occident, il joue également un rôle de premier plan dans l'évolution de la notion de justice. De son passé manichéen, il garde une forte distinction entre le Bien et le Mal.

La justice est un principe philosophique, juridique et moral fondamental, en vertu duquel les actions humaines doivent être sanctionnées ou récompensées, en fonction de leur mérite au regard du droit, de la morale, de la vertu ou d'autres sources normatives de comportement. Quoique la justice soit un principe à portée universelle, le juste apparaît varier en fonction de facteurs culturels. La justice est un idéal souvent jugé fondamental pour la vie sociale et la civilisation. En tant qu'institution, sans lien nécessaire avec la notion, elle est jugée fondamentale pour faire respecter les lois de l'autorité en place, légitime ou non. La justice est censée punir quiconque ne respecte pas une loi au sein de sa société, avec une sanction ayant pour but de lui apprendre la loi et parfois de contribuer à la réparation des torts faits à autrui, au patrimoine privé ou commun ou à l'environnement.[6]

C'est justement ce qu'exprime Pascal Ide quand il pense que la justice consiste à donner à chacun selon son dû. Dans ce cadre qui est le nôtre, il faudrait plutôt parler de *justice distributive.* Du latin *distributiva justitia* signifiant « le juste dans les distributions », la *justice distributive* règle la répartition des biens entre les membres de la société pour le bien commun. Elle considère les mérites des individus, et

---

6 https://fr.wikipedia.org/wiki/Justice

distribue les biens selon une part proportionnelle à ceux-ci[7]. L'échelle des mérites n'est pas universelle et varie en fonction du régime politique et des valeurs qu'il proclame : la vertu pour l'aristocratie, la richesse pour l'oligarchie, la liberté ou *le mérite en lui-même* pour la démocratie, etc. À la différence de la justice *commutative*, la justice *distributive* est fondée sur une égalité géométrique.

Contrairement à la *justice commutative* qui ordonne l'égalité des parts échangées, elle commande l'égalité des proportions à raison des mérites. *« La justice [distributive] tendra par exemple à ce que le même rapport existe entre les honneurs que nous décernons à Mozart et à Puccini et entre les qualités respectives des musiques de ces deux compositeurs »*[8]. Une fois les biens correctement distribués, il faut maintenir les parts en l'état, ce qui est le rôle de la *justice commutative*[9].

Bien plus tard, John Rawls utilise l'expression en lui donnant un sens différent. La justice distributive de Rawls se fonde avant tout sur des données sociologiques, notamment lieu le fait que les inégalités se transmettent de père en fils et deviennent des inégalités subies depuis la naissance, ce qui est un état de fait injuste. Elle admet donc l'existence d'une inégalité (en anglais : *unfairness*) originelle qui est injuste. Il distingue ainsi la *liberté commerciale,* qui régule le marché, et la *liberté personnelle,* où réside le seul et unique concept de justice. La justice sociale s'en est largement inspirée, à

---

7 Saint-Thomas d'Aquin, cité dans *Le droit naturel,* Alain Sériaux, Collection Que sais-je ?, PUF, 1999.

8 M. Villey, *la formation de la pensée juridique moderne,* P.U.F. Paris, 2003, p.81.

9 Voir *Distributive justice sur le site de la Stanford Encyclopedia oh philosophy.*

travers la pensée de Bentham et son *principe du plus grand bonheur pour le plus grand nombre*[10].

Selon la pensée de Kevin Dessinga, la pauvreté en Afrique a un nom : l'injustice. Pour lui, il y a un problème sérieux de distribution. Une minorité prend pour soi toute la richesse, et souvent, les États africains sont patrimoniaux. Quand est-ce que nous arriverons à comprendre que la félicité n'est pas un fait entièrement personnel ? Quand est-ce que nous comprendrons que l'égoïsme crée toujours la peur, la suspicion, l'ennui, l'anxiété, l'insécurité ?[11]

4. L'ignorance

Selon le dictionnaire italien, l'ignorance est définie comme étant l'inconscience, l'incompétence, le manque d'instruction ou d'éducation[12]. L'étude de ce concept nous a semblée plus approfondie dans un séminaire tenu à l'université de Douala au Sénégal, où justement, Jean Eric Bitang précise que l'ignorance a deux niveaux. D'abord, il y a l'ignorance *primaire*, celle naturelle, et il y a l'ignorance *secondaire*, plus grave. S'il faut résumer chacune de ces ignorances en une phrase, pour la première, on dirait : « savoir qu'on ne sait pas » ; pour la seconde, « ne pas savoir qu'on ne sait pas ».

La première ignorance, moins grave, serait de type naturelle, parce qu'à notre naissance, de même qu'au début d'un quelconque apprentissage, nous sommes des *tabula rasa*, selon le mot de Hume. Il n'existe pas de notions *a priori* de telle sorte que nous soyons dans les dispositions de

---

10 J-P. BRODEUR, *Justice distributive et justice rétributive,* Philosophiques, vol. 24, n° 1, 1997, p. 71-89.

11 G.K.Dessinga, *Op.Cit.* 30

12 G.Devoto, G.C.Oli, *Vocabolario illustrato della lingua italiana, selezione dal Reader's Digest, Vol.I A-L,*, Felice Monnier, Milano, 1977, p.1258

connaissance avant l'acte d'expérience. Si vous en doutez, posez-vous la question de ce qu'est l'*evu*. Si des schèmes conceptuels nous prédestinent à substituer à certaines idées distinctes, a priori, etc. les données sensibles, alors quelle est la réponse. La réalité est que personne ne pourra dire ce qu'est l'*evu* s'il n'a déjà, au moins, entendu parler de ce mot quoique nous en dise Platon, Descartes et Kant. L'ignorance est donc un *fait* ; le fait principal de se rendre compte que nous sommes toujours des projets, toujours inachevés, imparfaits. Cette première prise de conscience marque le départ de l'activité d'*apprentissage*. En ce sens, l'ignorance est le moteur de la recherche.

En effet, l'univers est tellement grand que l'homme n'est jamais parvenu à découvrir toutes les espèces qui s'y trouvent. Pour ce faire, il ne pourra jamais prétendre posséder, maîtriser la vérité et, à chaque instant, la nature est capable de nous surprendre et d'humilier le peu que nous connaissons d'elle. On comprend donc pourquoi, pris dans ce sens, l'homme devient un être toujours en recherche et toujours disposé à des nouvelles connaissances.

Il arrive aussi que l'ignorance soit un frein à la recherche : c'est ce que nous nommons l'ignorance *secondaire* ; plus grave que la précédente, car si nul n'est censé être ignorant – tout court – nul ne peut pas ne pas l'être, c'est-à-dire qu'être ignorant est ce qui fait que nous sommes des hommes. Celui qui détiendrait la totalité du savoir est sûrement le fantasme de Dieu. Davantage, c'est notre faillibilité qui rend possible le progrès, car si l'erreur n'était pas possible, alors tout serait donné d'avance et il n'y aurait plus besoin de réfléchir, de découvrir, d'innover, bref, de progresser. L'omniscience n'est donc pas vraiment à souhaiter à part par les despotes. Dans le domaine de ceux qui font la recherche, il n'existe aucune autorité humaine ; et si quelqu'un tente de faire le magistère, il sera tourné en dérision par les dieux, disait Albert Einstein. De même, ajoute Karl Popper, toute la connaissance reste faillible, conjecturale. Il n'existe aucune justification définitive d'une confutation. Tout de même, nous apprenons à travers l'élimination des erreurs. La science est faillible parce qu'elle est humaine.[13]

Nous avons dit que l'ignorance était à l'amont du mouvement d'apprentissage et était le moteur du progrès.

Parfois, l'ignorance est en aval du mouvement d'apprentissage et donc, contre le progrès. Une pareille ignorance est *secondaire* en opposition à la première. Comment est-ce que cela est possible ? Il semble bien que lorsque nous avons appris quelque chose et que nous sommes remplis de connaissances, nous nous sentons un peu plus intelligent, un peu plus fort que le reste des hommes et que cette position nous procure un certain plaisir et nous pousse au pédantisme. C'est pourquoi plein d'intellectuels peuvent être considérés comme ignorants, lorsqu'ils ne se considèrent plus comme tels, mais comme des sommets, des vases pleins qui n'ont plus besoins de rien.

Un de mes professeurs de musique, ajoute Éric, aimait toujours nous dire que *« Le maître qui a cessé d'apprendre doit cesser d'enseigner »*. Je crois qu'il avait raison. Une pareille ignorance est grave parce qu'elle ne permet plus l'apprentissage, qui est la caractéristique première des être vivants – adaptation –, et nous installe dans le pédantisme vaniteux. Si une pareille position est grave, il y en de plus graves encore dans sa subdivision, car tout dépend de quoi on est – ou pense – être rempli. À partir de la nature de notre connaissance, nous pouvons diviser l'ignorance secondaire en deux sous-ignorances.

---

[13] K. POPPER, *La società aperta e i suoi nemici*, Roma Armando, 2003.

D'un côté une ignorance *conséquente* et une ignorance *inconséquente*, la première étant l'ignorance des lettrés, c'est-à-dire des gens qui savent et qui savent bien, à la manière des sophistes, mais qui ont le défaut d'affirmer qu'ils savent tout ; et la seconde étant l'ignorance des ignorants *premiers* appliquée à ce type d'ignorance. Ici, l'ignorant ignore qu'il ignore, c'est-à-dire qu'il est un ignorant de premier degré qui se prend pour un Dieu. Il est rempli de faussetés et ce qu'il dit et écrit est catastrophique. Pourtant, il jure qu'il connaît ce qu'il ne connaît pas. Ce sont ces ignorants que je rencontre – et vous aussi sûrement – la plupart du temps dans mes discussions. Ces ignorants m'exaspèrent autant par leur bêtise que par l'assurance qu'ils ont dans cette bêtise.

Nous avons esquissé une théorie de l'ignorance réduite à ses éléments les plus essentiels. Nous avons ainsi vu que cette dernière se déclinait en deux moments. D'abord une ignorance naturelle, primaire, en amont du mouvement de connaissance et vecteur de la science qu'on pourrait sans grande difficulté assimiler à l'étonnement platonicien et à celui aristotélicien, et ensuite, une ignorance secondaire, en aval du mouvement de connaissance et hostile au progrès qu'on pourrait aisément comprendre comme du pédantisme intellectuel. Tout serait simple si cette distinction n'en entraînait pas une autre, tout aussi importante, quant à ce qui concerne la seconde ignorance : elle se subdivise en effet en ignorance conséquente et inconséquente.

L'ignorance conséquence est assimilée à celle des sophistes du temps du Platon dont le seul reproche est de se proclamer omniscients, alors que l'ignorance inconséquente peut être assimilée à celle des caverneux platoniciens qui prennent les ombres pour les choses et jurent connaître les choses sur la base de ces ombres. Ce dernier type d'ignorance est le plus redoutable et, malheureusement, le plus fréquent. On nous demandera donc maintenant : que faire ?

Notre réponse est qu'il faut s'armer de sagesse – nous avons déjà défini sommairement ce terme dans un de nos articles, du point de vue de l'ignorance primaire, cet article étant un appendice au premier –, d'humilité et de courage pour voir ses erreurs et les corriger. Il n'y a, comme nous l'avons dit, aucune honte à se reconnaître ignorant, car personne ne peut se vanter de tout savoir ! Cette prise de conscience de notre profonde ignorance doit nous mener à un apprentissage assidu de la chose que nous voulons savoir et éviter ainsi de parler pour ne rien dire, ou pour ne dire que des bêtises – car cela est possible. La solution est donc double : sagesse et apprentissage.[14]

Quand Kevin Dessinga parle de l'ignorance, il la souligne comme une complicité des Africains à leur malaise intrinsèque et cette ignorance s'appelle pauvreté. L'ignorance d'un peuple mal ou presque pas instruit, l'ignorance des jeunes, instruits, mais non acculturés parce que elle ne leur permet pas de développer leur propre conscience, de mûrir leur propre autonomie, leur propre sens critique : cette dernière est la principale pauvreté qu'il faut combattre. Mieux vaut tenter que de passer le temps à se lamenter.[15]

L'histoire nous apprend que, par ignorance, les Africains s'étaient vendus eux-mêmes et avaient vendu leur territoire. Ainsi comme l'avait noté Lugard : « *L'ignorance des conditions des Africains, ou peut-être le sentiment latent que la fin justifie les moyens, a conduit les pays européens à*

[14] J. É. BITANG, *in Philosophe ou presque*, Douala, 08 janvier 2011.
[15] K. DESSIGNA, *Op. Cit*, p.30.

accélérer les traités sans trop les examiner, et à se persuader que l'omelette a été faite sans casser des œufs. »[16]

Le débarquement occidental en Afrique pour imposer le système colonial était facilité par un emploi abusif de l'écriture et son émergence contre les pauvres chefs territoriaux qui eux n'en faisaient pas usage. Par une simple signature, des territoires étaient dépossédés et divisés sans scrupules.

II. Kä Mana et l'imaginaire africain

Si, pour Kevin Dessinga, les causes de l'état de démence mentale dans lequel se trouve plongé le continent africain dans sa partie Sud du Sahara se situent dans ces trois grandes complicités définies en termes d'exploitation, injustice et ignorance, pour le pasteur philosophe et théologien Kä Mana, c'est dans l'imaginaire négro-africain qu'il faut trouver la cause profonde de cette situation. Ainsi parle-t-il des conditions de l'existence humaine du Négro-Africain, c'est-à-dire du cycle de sa vie et de ses aléas, mais aussi de la vie de l'esprit négro-africain.

1. Les conditions de l'existence humaine

L'existence humaine est un processus conditionné absolument, mais une tension vers un pouvoir de créativité, un principe de novation ou de transcendance créatrice. Elle est donc avant tout un commencement déterminé par le pouvoir de la parole et de l'action, du verbe et de l'acte, de la capacité de communiquer et d'agir. Disons avec Kä Mana que c'est par le verbe et l'action que l'homme s'affirme

[16] F.D LUGARD, *The dual mandate in British tropical Africa*, Edinburg, London, 1992, p.16.

comme principe de liberté.[17] C'est donc d'abord à ce niveau qu'il faut situer la crise du continent noir, quand il n'y a pas de lien entre le dire et le faire.

Un acte de langage (ou acte de parole) est un moyen mis en œuvre par un locuteur pour agir sur son environnement par ses mots : il cherche à informer, inciter, demander, convaincre, promettre, etc. son ou ses interlocuteurs par ce moyen.

Cette théorie, liée à la philosophie du langage ordinaire, a été développée par John L. Austin dans *Quand dire c'est faire* (1962), puis par John Searle. Elle insiste sur le fait qu'outre le contenu sémantique d'une assertion (sa signification logique, indépendante du contexte réel), un individu peut s'adresser à un autre dans l'idée de *faire* quelque chose, à savoir de transformer les représentations des choses et des buts d'autrui, plutôt que de simplement *dire* quelque chose. On parle alors d'un énoncé performatif, par contraste avec un énoncé constatif. Contrairement à ce dernier, il n'est ni vrai ni faux. On peut alors modéliser l'acte de langage comme n'importe quel autre type d'acte : il a un but (aussi appelé intention communicative), un pré-requis, un corps (c'est-à-dire une réalisation) et un effet. Kä Mana estime que le discours, le verbe doit avoir comme objectif de répondre aux besoins de la communauté. Un lien doit exister entre la théorie et la pratique. L'état de crise se manifeste quand justement il y a fracture entre les deux, ce qui, du reste, rend la théorie stérile et presque inutile. Paul Ricœur aborde plus ou moins ce sujet dans la même optique, mais il parle plutôt de la promesse. Il estime que la promesse appartient à cette catégorie des actes performatifs qui se signalent par les verbes aisés à reconnaître dans le lexique. À entendre ces verbes, c'est clair qu'ils font ce qu'ils disent : c'est le cas de la promesse. Quand ces verbes sont

---

[17] KÄ MANA, *L'Afrique va-t-elle mourir*, p. 21.

prononcés, quand il dit « je promets », le locuteur est effectivement engagé à « faire » ce que la proposition énonce.[18] L'auteur met en évidence que la promesse est d'abord et avant tout un engagement de soi à soi. Avant d'impliquer la responsabilité des autres, je dois d'abord me sentir responsable face à mes promesses. Et c'est vraiment ridicule de se moquer de soi-même.

En effet, le travail, processus de réponse aux nécessités de la vie, n'est pas structuré dans son ensemble de façon à donner le pouvoir de vivre à chacun. Dans le domaine de la construction des œuvres durables pouvant conditionner positivement la vie en faisant une civilisation pour notre temps, l'Afrique ne s'est pourvue d'aucune capacité liée au pouvoir de créativité et d'initiative dans la recherche scientifique. Cela fait de notre continent un espace à l'aspect inerte, apathique, entièrement soumis aux aléas de l'histoire politico-économique des autres. Comme conséquences, nous, assistons à notre impuissance dans les enjeux internationaux, à la naissance des États-Tribus dont la parole n'est que pure idéologie de justification d'un pouvoir sans espace politique. Les hommes politiques de chez nous ayant déjà perdu de vue que : « *Le premier devoir d'un pouvoir est de respecter son peuple, de le prendre au sérieux.* »[19]

Puisque la parole et l'action ont divorcé dans ce contexte qui est le nôtre, aucune forme de pouvoir d'action pour la liberté ne peut être concevable. Ainsi, l'Afrique vit tout en ne s'appartenant pas. Elle ne s'est pas encore frayée un chemin, même si ce dernier est à constituer en tenant compte des expériences heureuses des autres continents.

---

[18] P. RICŒUR, *Parcours de la reconnaissance*, Paris, Gallimard, 2004, p.206.

[19] NKOMBE OLEKO, « Les forces politiques », in *Noraf,* vol. III – n° 9, octobre 1987, p. 40.

2. Les fonctions herméneutiques

Selon les catégories conceptuelles de Hanna Arendt, la vie de l'esprit humain consiste à penser, vouloir et juger.[20]

1) Penser

Si elle ne se déploie que sur la base de ses propres traditions et elle seule, la raison africaine n'est pas en mesure de saisir les significations et d'ouvrir des horizons de sens. Il nous semble impossible, selon Kä Mana, de déployer le pouvoir de penser le passé et de lui donner signification et sens à partir de notre présent, sans tomber dans l'onirisme lyrique, soit dans une ethnologie purement africaine, soit dans un enchantement des recherches du type scientifique.

2) Vouloir

C'est comme pouvoir de novation qu'il faudra comprendre le vouloir, selon la considération de notre auteur. Ainsi, il y a lieu de constater que le Négro-Africain, dans son héritage sans testament, comme le dit René Char, se trouve dans l'incertitude de projeter un monde et de le faire exister. Il ne sait pas situer le lieu du commencement, le vrai lieu de novation de lui-même. Ainsi s'accroche-t-il aux épaves du passé, quand son être même sombre, comme pour se réconcilier avec sa mort prochaine, soit il se tourne vers le passé d'autrui pour sauver sa propre désintégration ; soit encore il se voile la face devant le désastre actuel en nourrissant en lui la pure volonté de fondation absolue de soi et d'invention d'une Afrique toute nouvelle.

[20]ARENDT H., Citée par KÄ MANA, *op. cit.*, p. 27.

3) Juger

Ici, le jugement est à comprendre au sens kantien, c'est-à-dire comme la possibilité d'une participation ardente, mais distante aux événements. Il est caractérisé en Afrique noire par une lucidité concrète et inquiète. C'est pourquoi il s'appuie sur une intériorité incohérence et fragile, sur une lucidité en plein papillonnage en train de chercher sans espoir un chemin de vie.

En concluant ce paragraphe, Kä Mana précise que cette analyse ne rend pas compte de la réalité, car Afrique, il y a des pays qui peuvent réussir et d'autres qui sombrent, des peuples capables de grand dynamisme et d'autres entièrement désemparés, des individus luttant pour réussir et des foules complètement déboussolées. Cependant, cette théorie est vraie si on la saisit comme une approche de l'imaginaire global que l'Afrique a d'elle-même. Et puisque l'imaginaire oriente l'action plus que ne le fait la complexité des réalités, il y a lieu de comprendre la crise du continent noir comme un véritable espace de création des mythes sociaux qui tentent de le libérer.

III. Les figures paradoxales de la société : langage et représentations

Dans le fonctionnement de l'espace social négro-africain, il y a lieu de distinguer deux formes de paradoxes cruciaux, à l'intérieur desquels émergent des mythes sociaux. Il s'agit du paradoxe central et des paradoxes plus spécifiques. Cependant, nous ferions mieux d'y ajouter le langage et ses représentations imaginaires.

1. Le paradoxe central

Il concerne le hiatus existant entre la profusion des discours des Négro-Africains et l'aridité de leur pratique transformatrice du social. C'est le fossé entre la théorie et la pratique, l'institué et le vécu, la disproportion entre le conçu et l'éprouvé, comme le dit Eboussi Boulaga. Si, par ce constat, il faut considérer que, dans notre imaginaire social, notre dire ne traduit pas notre penser, et que notre penser ne traduit pas ou plutôt qu'il est coupé de notre être, alors le hiatus qui nous sépare intérieurement de nous-mêmes est le plus meurtrier de nos maux. Il disloque, en effet, l'harmonie fondamentale entre le parler, le penser, l'être et le vivre. Il convient de préciser que, par rapport à l'Afrique précoloniale, l'Afrique moderne accuse un malaise intérieur très profond.

Nos écoles sont capables de produire des jeunes qui parlent en articulant très bien diverses langues et qui ont une aisance oratoire sans précédent, en même temps, ces écoles modernes ne sont pas capables d'inventer ou de produire d'elles-mêmes des petites choses, alors que dans la vieille Afrique, des jeunes initiés étaient capables de fabriquer des instruments utiles pour leur chasse, leur pèche et leur cueillette. Aujourd'hui, les africains attendent de consommer tout de l'extérieur. Dans la recherche des raisons, nous en sommes arrivés à certaines considérations.

En analysant, nous en sommes arrivés à la constatation selon laquelle le besoin crée l'organe. Le besoin de cuire la nourriture a conduit les anciens Africains à la maîtrise du feu ; le besoin de la chasse à l'invention de la lance, qui est un premier pas vers la technologie, le besoin de transport fluvial à la création de la pirogue. Il convient de souligner certaines découvertes, comme celle des boissons alcoolisées qui exprime la combinaison astucieuse de certains composés chimiques, jusqu'à la production de l'alcool pur... Et il était de mise que la sagesse populaire devait préparer des jeunes adolescents à ces savoirs de première nécessité. Les Africains, au contact avec l'Occident, seront contraints d'abandonner leurs savoirs que les colonisateurs considéraient abusivement comme inutiles et sans aucune valeur. Ainsi, celui qui avait la maîtrise de la langue anglaise ou française dans cette société coloniale était considéré comme plus important que celui qui pouvait guérir avec des plantes des maladies graves. Ainsi, on comprend pourquoi les Africains se sont appliqués à connaître les langues plutôt que la science et la technologie. Ces dernières seront utilisées plus tard par la démagogie politique, en faveur du tyran du tour au pouvoir.

2. Les paradoxes spécifiques

Les paradoxes économique, politique, religieux, social, culturel, et celui de la recherche scientifique précisent le sens du paradoxe central auquel ils sont rattachés.

1) Le paradoxe économique

La croissance économique de l'Afrique subsaharienne s'est redressée rapidement en 2010 et est restée vigoureuse depuis, en s'appuyant sur des facteurs intérieurs et sur la reprise mondiale. Cependant, malgré l'accélération prévue de cette dernière, certains changements de la conjoncture économique internationale engendrent des risques. Les échanges commerciaux et les flux d'investissement développés aujourd'hui entre les pays d'Afrique subsaharienne et les marchés émergents (dont la Chine) vont vraisemblablement diminuer, sous l'effet du ralentissement de l'activité dans ces pays, ce qui mettra fin à la dynamique suscitée par le niveau élevé des prix des produits de base. De même, les conditions financières, qui étaient favorables ces dernières années, devraient se durcir tandis que les pays avancés délaissent progressivement leurs politiques monétaires non-conventionnelles. L'effet de ces évolutions variera selon les pays.

Avec l'immense potentialité qui caractérise la nature africaine et la densité de la formation annuelle en économie des aborigènes, l'Afrique est l'un des continents les plus dépendants des structures des pays du Nord et de l'ordre actuel du monde, qu'elle maîtrise d'ailleurs très mal. L'Afrique subsaharienne est verte, beaucoup d'espaces ne sont pas exploités et seuls l'agriculture, l'élevage et les moyens de transport, s'ils étaient bien organisés, à eux seuls, pourraient suffire pour éradiquer la misère et la faim. Hélas, c'est le continent où la faim continue à décimer bien des gens. Les poissons meurent de vieillesse et à côté d'eux la population est très mal nourrie.

2) Le paradoxe politique

Le vent de la démocratie est en train de souffler en Afrique. Certains pays se présenter déjà très mûrs, d'autres ont encore du chemin à faire. Pour ces derniers, Parag Khanna parle d'États défaillants. De ses analyses, il déduit que le nombre le plus élevé de victimes humaines en Afrique est causé par des guerres civiles, des maladies et des migrations forcées dues aux combats. Autour des années 1990 et 2000, deux tiers des quarante-trois pays d'Afrique subsaharienne ont connu la guerre civile, la violence et la vraie nouvelle guerre qui tue de l'intérieur les sociétés. Les dirigeants politiques en Afrique sont les plus corrompus de la planète[21]. Quand ils sont au pouvoir, ils ne créent pas des structures solides et efficaces pour le bien de la société : amélioration des écoles, emplois, transports. Au contraire ils rendent toujours plus rigides les structures existantes, vieilles et fragiles. Et quand ils finissent leur mandat, ils ont peur de retourner à leur médiocrité ; ils se

---

[21] P. KHANNA, *Come si governa il mondo*, Roma, Fazi, 2011, p. 138.

déchirent alors en mille morceaux, farouchement, pour défendre leurs propres intérêts et non celui de la population. On comprend donc pourquoi ils usent de la violence, des armes, d'attentats, et d'enlèvements pour mater les gens.

On dirait qu'en Afrique le pouvoir a divorcé d'avec les problèmes réels en s'enfermant dans une auto-conception mythologique et fétichiste ; ainsi les gouvernements se rendent-ils célèbres par leurs autorités charismatiques et leur finesse dans l'orchestration de leur propre gloire. La légèreté du poids politique de notre continent au niveau international est un fait établi aux yeux de tous.

3) Le paradoxe religieux

L'Afrique a connu de grands leaders charismatiques religieux, qui ont eu un impact très fort sur la population sociale. Cependant presque tous ont disparu dans le grand océan de l'oubli. D'une certaine manière, l'expansion du christianisme et de l'islam en Afrique s'explique par le fait que, après la mort du prophète Mohamed, ses adeptes ont pensé cinq ans plus tard à propager la religion par l'écriture, la Bible pour les chrétiens et le Coran pour l'islam. Mais, encore une fois l'Afrique n'était pas présente.

Il faut néanmoins préciser que l'Afrique n'a pas construit les bases solides de l'originalité de sa foi : si, paradoxalement, son christianisme tend à devenir le plus important de la planète quant au nombre de fidèles, l'Afrique ne présente, dit Kä Mana, *« qu'une spiritualité de danse et de tambours, d'ivresse délirante et d'enthousiasme sans bornes, un folklore de consolation et de rêverie doublé de revendications théologiques contradictoires et inutilement bruyantes. »*[22]

---

[22] KÄ MANA, *op. cit., P. 34.*

On ne sait pas établir de limite entre la vraie spiritualité et la misère. Les sectes qui poussent presque partout deviennent comme des associations d'aides humanitaires. Les gens, déjà mal nourris, doivent jeûner pendant plus ou moins 3 à 4 fois par semaine. Les pasteurs considèrent leurs petites structures, où les gens veillent presque chaque nuit en prière, comme des sources de revenus. C'est vraiment étonnant de voir que les rues sont vides le dimanche, puisque tous sont en prière, alors que du lundi au samedi, c'est la mort quotidienne, le vol, le viol... Précisons que certains Africains, même profondément croyants, recourent facilement, devant certains choix profonds de leur vie, à des réponses traditionnelles, entre autres au fétichisme.

4) Le paradoxe social

Notre continent est réputé pour sa solidarité à telle point que « solidarité africaine » semble avoir une connotation universellement syntagmatique. Cependant, c'est au sein de cette même Afrique que l'on trouve des misères, des souffrances, des injustices, des inégalités cohabitant avec une opulence égocentrique et monstrueusement cruelle, les paroles de Bakole wa lunga raisonnent encore très fort aujourd'hui, quand, en son temps, il disait : « *Nous chantons la valeur de la vie, mais les enfants meurent chaque jour de malnutrition ; l'avortement se pratique actuellement comme si il s'agissait de se débarrasser d'une chose, et non d'une vie d'homme. Nous faisons des discours de solidarité mais nous n'avons aucun souci du bien commun, que nous dilapidons avec avidité. Même dans nos familles, nous abandonnons des veuves, des orphelins, ceux que nous qualifions de sorciers, etc.* »[23]

[23] BAKOLE WA ILUNGA, *Le chemin de libération*, Ed. Archidiocèse de Kananga, 1978, p.32.

5) Le paradoxe culturel

Dans leur ambition à vouloir assumer de façon claire et puissante leur pouvoir d'initiative historique, nos revendications de liberté, d'identité culturelle et de personnalité africaine propre n'ont jamais connu de fin heureuse. Qu'en est-il pourtant aujourd'hui de nos aspirations fondamentales ? se demande Bakole. D'abord, notre aspiration à retrouver notre authenticité : avouons qu'elle n'existe souvent qu'en paroles... Car l'authenticité est avant tout une morale, une façon d'être vrai, de vivre dans la pratique les idéaux que l'on professe. Mais la société dont vivent les grandes masses et les leaders de celle-ci, surtout en ville, n'a rien d'authentique. La fête, la danse et la musique ont toujours caractérisé l'Afrique authentique : elles étaient l'expression et la source de notre vitalité et notre confiance en la vie, en dépit de toutes les difficultés.

Chez beaucoup, la fête a dégénéré en beuverie, où on ne trouve ni plénitude ni joie de vivre, mais le ravalement, où les dépenses énormes ne réussissent pas à combler le vide caractérisé par un triste ennui ni le bruit assourdissant des bars à cacher le désarroi d'une vie privée de toute orientation. C'est l'idéal vécu qui se traduit en chants et en danses. L'inverse est un appauvrissement. C'est ici que nous avons besoin de toute notre personnalité pour créer du neuf en discernant bien les institutions et l'esprit qui les avait inspirées.

6) Les paradoxes de la recherche scientifique

Bâtir de façon solide sa destinée dans le monde contemporain est la tâche de l'Afrique. Pareille mission exige un grand investissement dans le domaine de la recherche scientifique. L'Afrique de demain, c'est ce qu'elle pense d'elle-même aujourd'hui. Malheureusement, il faut constater que le nombre de chercheurs africains est insignifiant ; l'Afrique, même de l'intérieur, est totalement dépendante des recherches des autres. Dans les gouvernements africains, c'est à peine si l'on parle du ministère de la recherche scientifique comme pour en avoir un par formalité ! *Ce qui fait de nous la grande puissance mondiale, ce ne sont pas nos armes,* disait le président des États-Unis, Barak Obama, lors de sa réélection. L'ignorance est la cause principale de la misère en Afrique. Et les dirigeants africains ont ce malin plaisir de tenir le peuple dans l'ignorance, parce qu'ils ne peuvent pas réclamer ce qu'ils ne connaissent pas au préalable. Le manque d'investissement dans la recherche scientifique fait que les Africains vivent au-dessus de leurs moyens et qu'ils vont la trouver ailleurs. Le salut de l'Afrique viendrait en partie de l'information, de la formation, des recherches scientifiques approfondies. Je ne crois pas vraiment que Dieu ne puisse bon pas créer en Afrique un seul savant capable d'inventer. Mais le peu de savants qui ont révolutionné le monde et qui pourraient révolutionner l'Afrique, vivent dans l'oubli.

L'intérêt que nous accordons à l'éducation nous pousse à un approfondissement de cet argument. Il serait peut-être juste de le dire : l'Afrique est le continent où la lecture et l'écriture, dans ce XXIe siècle, souffrent encore. Nous aurons toujours de grandes difficultés si nous ne nous ouvrons pas à l'écriture et aux mathématiques qui sont la base de la logique actuelle, à savoir le numérique également, qui désormais a pris le dessus sur le livre manuscrit.

Je ne doute pas de l'efficacité et de la capacité d'apprendre, de mémoriser, des mythes et des histoires qui ont caractérisé la culture orale dans le passé. Il convient de noter toutefois qu'encore aujourd'hui les preuves de l'absence de l'écriture sont tangibles tout au long de l'histoire. Il suffit de se rendre compte, pour comprendre d'emblée l'inconvénient et la difficulté d'imposer au monde des langues africaines alors qu'aucune de ces langues n'a pris le dessus, qu'aucun pays du continent africain n'a réussi à vendre sa langue sur le marché mondial de la culture, alors que l'Afrique, elle, a acheté et continue d'acheter toutes les langues. L'absence d'écriture a empêché la conservation en corpus des faits, des connaissances et des richesses enfouies dans le cimetière de la culture orale des mythes et des contes. Il suffit de penser que, pour la Chine, l'histoire remonte à 1250 avant J.C., simplement parce qu'ont été trouvés les noms des rois Shang gravés sur la carapace de tortues remontant à cette époque.

Diakite Tidiane a raison quand il confirme, à juste titre, que le progrès de la langue chinoise au début du XXIe siècle est en parallèle avec l'extension de sa diffusion dans le monde ; cela se vérifie de plus en plus en France et en Occident, par l'introduction de la langue chinoise en tant qu'excellente discipline, du fait qu'elle est une langue écrite. « *La puissance de la Chine actuelle et future, sa capacité d'expansion économique ne peuvent être dissociées de son histoire. Si la Chine est aujourd'hui cette usine mondiale, elle sera probablement demain le ''laboratoire du monde''. Cela ne peut se comprendre si l'on ignore, d'une part, l'existence du « Code chinois », gravé sur du bronze, daté de 2055 avant J.-C. où se lisent l'histoire et l'organisation de la Chine antique et, d'autre part, ce trait culturel chinois spécifique : le culte de l'écrit et de l'écriture.* »[24]

Personne ne songerait aujourd'hui à la disparition de l'anglais, de l'allemand, de l'espagnol, du portugais ou du chinois, parce que leur disparition signifierait la disparition de toute une vision du monde et serait la perte énorme d'un patrimoine mondial de culture et de connaissances.

Ce fut précisément l'écriture qui encouragea l'exploitation de l'Afrique, bien avant même sa colonisation

---

24 Cfr. T. DIAKITE, *50 ans après, l'Afrique,* Paris, Arléa, 2011, pp.214-215.

par l'Occident, dans le sens que le premier contact entre les deux mondes, avant d'être une réalité économique, releva de la stratégie. Les colons, à côté du sel et des babioles qu'ils avaient emportées pour offrir aux dirigeants africains, avaient toujours dans leur poche un stylo et du papier pour signer des contrats. Avec ce simple geste, le « sultan » (l'expression swahili pour roi) cédait la totalité de tout un patrimoine aux Occidentaux. On ne peut donc pas parler de l'écriture sans mentionner le fait que l'Afrique est toujours absente au rendez-vous du papier.

Diakite écrit lui-même :

> *« Les Japonais, après avoir connu les caractères chinois par l'intermédiaire de la Corée, les adoptèrent pour constituer leur propre code écrit dès le IIIe siècle. Ensuite, par ce même procédé, dès le VIIe siècle, ils adoptèrent le papier chinois dont ils vont très vite adopter la technique. »*[25]

Les Japonais peuvent avoir raison quand ils disent que seul un morceau de papier sépare richesse et pauvreté, sous-entendu : entre l'Europe et l'Afrique, la différence est seulement d'un morceau de papier. En langage courant, le papier ne serait même pas nécessaire, mais seulement juste un numéro. Il suffit d'épouser la culture du papier pour voir se révéler tout le mystère caché de la science et de la culture. Je suis d'accord avec le Premier ministre italien Matteo Renzi qui, le 22 février 2014, lorsqu'il établissait son programme d'action, déclarait à juste titre en épousant le discours d'Obama, que le changement de l'Italie viendrait de la plume, à l'exemple de la démonstration faite par l'Inde au cours de ces dernières décennies.

De même, en 2006, pour confirmer les exploits mondiaux d'un grand groupe indien de technologie informatique

---

[25] *Ivi*, p.213.

implanté dans la technopole de Bangalore, son président délégué général (PDG) déclarait que, si l'Inde avait manqué la révolution industrielle du XIXe siècle, elle ferait cette révolution au XXIe avec papier et stylo[26]. On ne peut vraiment pas en douter. À cette époque, les statistiques font voir que l'Inde forme plus de 300 000 ingénieurs par an, alors que l'Afrique se qualifie dans la prolifération des sectes. On a l'impression que les pasteurs des églises et des sectes y sont plus nombreux que les simples fidèles.

Si la culture des Sumériens a survécu après son élimination politique par les Accadiens sémites en Mésopotamie, c'est précisément en raison de son écriture. Babylone la Grande restera telle grâce à sa grande bibliothèque. Rares sont ceux qui, en Afrique aujourd'hui, parviennent encore à dépenser leur argent pour acheter un livre, et si parfois on le prête, on n'est pas sûr qu'il sera gardé avec beaucoup de soin. La plupart des écoles n'ont pas de bibliothèque, parce que le livre est parfois coûteux pour un peuple affamé et misérable. La politique n'a pas la culture de l'investissement en matière grise.

Paul Freire voit dans l'alphabétisation et dans la pédagogie décisive[27] la responsabilité sociale et politique des oppresseurs contre la politique comme clé de la liberté, une transition indirecte de l'alphabétisation qui n'a rien de techniciste et dont il écrit :

> « *Nous pensions à l'alphabétisation orientée et liée à la démocratisation de la culture (...), à l'homme lettré qui a fait de l'homme non un patient auquel on applique un procès, dont la seule vertu est celle de la patience pour supporter le fossé entre son expérience*

26 *Ivi*, p.214.
27 P. FREIRE, *La pedagogia degli oppressi, tr.it.*, Ega, Torino, 2002.

vitale du contenu de l'enseignement, mais qui fait de l'homme l'objet de son éducation. »[28]

D'une certaine manière, l'expansion des religions chrétienne et islamiste par rapport à l'Afrique s'explique également par le fait que, immédiatement après la mort du Prophète Mohamed, les adeptes ont pensé, cinq ans plus tard, à divulguer la religion avec l'écriture, comme c'est le cas de la Bible pour les chrétiens. Mais encore une fois, l'Afrique n'était pas présente. Des figures religieuses et charismatiques très importantes dans le passé ont marqué l'histoire du continent, mais la majorité de ces figures s'est perdue ou n'existe plus, puisque disparue dans l'océan de l'oubli. Personne ne peut imaginer le christianisme sans la Bible ou l'islam sans le Coran. Nous l'avons déjà souligné. Les quelques figures spirituelles qui ont résisté en Afrique n'ont aucune originalité, parce qu'elles n'ont pas de doctrine propre. Il s'agit d'un syncrétisme des religions traditionnelles et chrétiennes.

IV. Le langage de la crise et ses représentations imaginaires

En analysant le langage courant du Négro-Africain, il ressort que ce discours révèle un monde perturbé, brisé, livré à des défis décisifs sans débouchés certains. C'est en termes de panique, de détresse, de désarroi, de fragilité que nous parlons de nous-mêmes, exactement comme si une lucidité sereine nous était interdite. Nous pouvons relever alors trois niveaux dans notre rapport avec l'histoire.

Au niveau des faits, nous perpétuons, dans la succession continue ou discontinue des événements, des gestes des

---

28 P. FREIRE., *L'educazione come pratica della libertà,* tr. it., Mondadori, Milano, 1973, p.130.

hommes sans qu'il y ait exigence d'une implication pouvant mettre en jeu notre être ni douter de nos certitudes. C'est le niveau de l'histoire. Ce qui importe n'est pas le fait mais la signification qui lui est donnée, la manière dont à travers lui, nous mettons en jeu notre « être au monde ». C'est le niveau de la signification, de la manière de nous raconter notre propre histoire, de nous dire à nous-mêmes notre passé. Et dans cette manière de le faire, la manœuvre est tendue vers son dénouement, vers son sens, vers de nouveaux débuts. Voilà qu'apparaît le sens comme troisième niveau de notre « être au monde ». C'est un lieu d'utopie selon l'auteur, une représentation non pas abstraite, mais concrète du possible qui nous interpelle et nous intègre dans son monde.

Le fait, la signification et le sens constituent une seule et même configuration mythologique à travers laquelle nous nous représentons le monde. Le comble, c'est que cette signification ne sert ou ne nous a servi que pour mettre en pratique nos leçons de rhétorique, de musique et de poésie, au lieu d'être appréhendée avec lucidité comme réalité nous engageant concrètement dans l'action transformatrice. Ainsi, dans notre mythologie fantasmagorique, plate et creuse, nous altérons et grossissons le fait pour l'accommoder avec notre propre délire. Et c'est tout droit vers l'implantation du complexe d'infériorité dans notre rapport avec l'histoire que nous nous conduisons, complexe qui devient processus d'infériorisation, et même d'explication de nos attitudes, malaises, détresses et inquiétudes, qui sont notre lot commun. On retrouve ici le vecteur qui a animé nos recherches en partant justement d'une expérience vécue, celle de couper un arbre sec, adoré depuis des siècles comme l'est la présence du grand-père (lire à ce sujet notre introduction). Dans ce sens, nos mythes, loin de favoriser la recherche scientifique, constituent un véritable frein au développement. Parce que tout est sacré, on ne peut aucunement y toucher sans s'attirer la malédiction éternelle de toute la descendance. Les mythes, tels qu'en Afrique ils sont liés entre eux, paralysent l'esprit de curiosité qui est justement, selon Gaston Bachelard, le *dynamisme de l'esprit humain.*

La curiosité est, certes, le désir parfois malsain de connaître des secrets bien gardés, mais c'est aussi la soif d'apprendre et de comprendre. Cette passion pour les découvertes anime les scientifiques, les vulgarisateurs et... les lecteurs de revues scientifiques. Les mythes en Afrique ne suscitent pas la curiosité, ils rendent immobile l'imagination et ne favorisent pas le partage de l'étonnement sur le monde et les phénomènes naturels.

Si l'on veut considérer que la science se développe quand elle est en mesure d'expliquer les conclusions, sans occulter les hésitations, les questions ouvertes, les impasses, les débats où se déchaînent les passions, alors le mythe en Afrique constitue un véritable frein à la science.

Selon Descartes, pour dominer une passion, le plus efficace est d'en examiner la source, car l'effet s'évanouit avec la connaissance de la cause. La science est un moyen de lutter contre l'obscurantisme, les fausses croyances, les frayeurs irraisonnées. La curiosité pour les sciences implique prudence, discernement, rigueur, une raison critique sur le qui-vive, tout ce qui ferait d'elle une passion raisonnable. Or, ces différents éléments sont étouffés, ou au mieux paralysés, par les mythes.

Quand la mythologie se fait passer pour science, il en naît un malaise et c'est ce que nous devons éprouver devant les trois théories suivantes sur la nature de notre rapport avec l'Occident.

1. La dialectique du maître et de l'esclave[29]

Il apparaît que nos pays sont rendus esclaves des pays du Nord, par la division actuelle du travail dans le monde. Mais, plus encore, l'enjeu dans cette théorie est la conquête de la maîtrise du maître, le passage de l'ontologie d'esclave à celle de seigneur. Les Africains, à peine en ont-ils l'occasion, sont très durs à l'encontre de leurs compatriotes. Ils se battent pour accéder à un poste de prestige, et, par la suite, à peine l'ont-ils acquis qu'ils veulent tenir tous les autres sous leur joug. Ils courent derrière l'ombre du patron blanc, le modèle par excellence qu'ils rêvent d'imiter. Un peu, comme le dit Frantz Fanon,[30] dans son ouvrage qui s'ouvre sur une citation d'Aimé Césaire (*Discours sur le colonialisme*) : « *Je parle de millions d'hommes à qui on a inculqué savamment la peur, le complexe d'infériorité, le tremblement, l'agenouillement, le désespoir, le larbinisme.* »

Il s'agit donc d'analyser d'un point de vue psychologique ce que le colonialisme a laissé en héritage à l'humanité, et ceci en partant du rapport entre le Noir et le Blanc. C'est tout un jeu de définitions qui se font par différenciation.

2. La dialectique du vainqueur et du vaincu

Selon les critiques africains tel Houtondji, il est évident que l'Occident a perdu et déstructuré nos cultures. Mais, plus encore, notre défaite rend compte du paysage de notre existence et de la structure de notre être aujourd'hui. Elle nous révèle devant nous-mêmes impuissants et incapables de novation, d'initiative. Aussi manifeste-t-elle notre profond désir de passer de l'impuissance à la puissance, de la passivité à l'activité.

---

[29] M. TOWA et F. EBOUSSI BOULAGA, cités par KÄ MANA, *op. cit.*, p. 44.

[30] F. FANON, *Peau noire, masques blancs*, Seuil, Paris, 1952.

3. La dialectique du père et du fils

Il s'agit ici d'une représentation symbolique de la réalité. En effet, dans un processus d'œdipisation, comme le dit Mudimbe, l'Afrique veut se débarrasser de l'odeur de l'Occident qui l'étouffe et l'obsède en procédant par une sorte de meurtre du père. La structure de l'être-négro-africain ne visera donc qu'à sortir de ce processus œdipien mal assumé, en risquant de produire une parole autre que voulue, hors des certitudes habituelles et des sentiers battus.

Il est normal qu'avec une ossature psychique essentiellement mythologique nous ayons élaboré des mythes répondant à notre situation générale dans le monde contemporain. Ces mythes nous représentent nous-mêmes, rêvant notre être-lumière dans l'obscurité actuelle de notre histoire.

4. Les implications de la crise négro-africaine

L'essentiel de la représentation imaginaire globale que le Négro-Africain a de sa destinée est condensé dans les nouveaux mythes de sa société. Ces mythes émergent autour de la crise de notre rapport au temps vécu. Cette crise réunit les crises de la mémoire historique, de la force créatrice, et du sens.

5. La crise de la mémoire historique

Abstrait, folklorique et onirique, le rapport que nous entretenons avec notre passé et notre tradition fait de ces derniers des passages à vide en nous de la créativité, des forces d'inertie de notre imagination active. Comme nous, le passé et la tradition sont annihilés et c'est en nous qu'ils sont désintégrés. C'est là que réside notre faiblesse fondamentale, notre grand problème que nos rêveries devraient, pourtant, transformer en forces actives. La mémoire rend présents certains événements du passé. Et sur ce lien entre passé et présent, Paul Ricœur parle justement de la mémoire active. Elle peut être personnelle ou collective[31].

En ce qui concerne l'Afrique, la responsabilité de l'histoire est surtout attribuée à la communauté. Jadis, à travers les chants, la musique, la danse et bien d'autres activités communautaires, comme l'initiation et les contes du griot, c'est la communauté qui s'édifiait. Et quand certains événement historiques l'ont fragilisée, avec elle aussi s'est fragilisée cette mémoire collective. Il convient justement de noter que l'abandon des langues africaines pour d'autres idiomes a constitué un grand frein, ou même le frein fondamental, pour la tradition africaine communautaire.

6. La crise de la force créatrice

C'est la relation onirique que nous entretenons avec notre présent. Ici, « présent » équivaut à la manière dont retentissent en notre imagination les structures institutionnelles et non pas ces structures elles-mêmes directement. Nous entretenons l'onirisme sans sa fonction d'utopie, ni de puissance d'initiative créatrice dans notre rapport au présent. En effet, l'objectivité de l'organisation actuelle du monde est pour nous assimilable à celle du passé et notre espace intérieur est désintégré par la crise. Là aussi se situe notre faiblesse fondamentale. Nous devrions en être conscients, au lieu de nous confondre en accusations contre des structures qui, certes, nous sont défavorables : l'ordre international, les grands impérialismes, les intérêts des grands financiers, etc. Mais, pour Hannah Arendt, la crise culturelle consiste dans le fait qu'un peuple abandonne ses

[31] P. RICŒUR, *La mémoire, l'histoire, l'oubli*, Paris, Seuil, 2000, p.112.

mœurs, ses coutumes et ses traditions sans en édifier d'autres.

7. La crise de sens

C'est la relation onirique que nous entretenons avec le futur. Nous n'avons à projeter dans l'avenir que des utopies abstraites soutenues par des souhaits qui font office de pensées et d'actions. Nous pensons nos conditions futures comme dépendantes de ces rêves abstraits et non de notre capacité de créativité. C'est encore là une faiblesse fondamentale que nos rêves ne peuvent transformer en véritable force d'action ni en énergie potentiellement disponible ni en énergétique. Je crois naturellement que l'homme devient ce qu'il construit dans le présent et non ce qu'il veut que les autres fassent pour lui dans le futur. Je suis certain que ce futur n'arrivera jamais.

8. Instance critique

Au cadre de l'imaginaire social négro-africain que nous expose Kä Mana, il nous semble nécessaire d'ajouter l'existence négro-africaine dans une relation avec d'autres peuples socialement, économiquement, politiquement et religieusement avancés sur la ligne du développement.

En effet, considérant l'évolution dans sa dimension essentiellement linéaire, nous constatons que le continent noir, dans le concert universel, rivalise avec ses aînés. Il nous semble pourtant utopique de vouloir vivre le XXe siècle occidental, quand ce siècle est déjà grandement dépassé. Pareil empressement est de nature à faire de ses sujets des parvenus crapuleusement marginalisables. Aussi entretient-il dans l'ossature psychique de ses sujets un caractère mythologique et une tendance à la précipitation sans vraiment fonder un processus actuel.

Sinon, on avancerait de nouveauté en nouveauté sans jamais assumer l'actualité, le « hic et nunc ». Il convient de préciser que le chemin du développement de l'Afrique ne viendra pas de l'imagination extérieure. Les Africains le savent bien : quand une force est exercée sur l'œuf, la vie s'arrête, mais si cette force part de l'intérieur, la vie commence. Ils doivent avoir le courage de regarder leur histoire pour trouver les causes de leurs difficultés et chercher par la suite à y apporter une solution personnelle et participative. L'Afrique a ses priorités qui ne sont pas celles des autres régions du monde. Il convient donc d'investir, de stimuler, de réveiller les énergies en redynamisant l'imaginaire créatif.

CHAPITRE III

LES MYTHES DE L'IMAGINAIRE SOCIAL NÉGRO-AFRICAIN ET LEURS PERSPECTIVES HERMÉNEUTIQUES

Sur cette crise de notre rapport au temps, considérons l'émergence des opérations mythiques, telle que la condense Marcien Towa : *« ... avec le mythe, l'homme crée la première culture, humanise le monde, c'est-à-dire l'organise en une totalité directement ou indirectement anthropocentrique. »*[1]

Ces opérations constituent l'imaginaire à travers lequel nous avons saisi notre situation actuelle. Elles sont déployées en nous de façon anti-réflexive et sans approche rationnelle approfondie. C'est en cela que consistent leur caractère mythique et les mythes fondamentaux de l'imaginaire négro-africain. L'Occident, l'identité culturelle, l'indépendance, le développement, la libération et la démocratie, ce sont là ces mythes fondamentaux. Ils correspondent à la situation de « méga-crise » décrite dans le chapitre précédent. Pour nous, aujourd'hui plus que jamais, ce qui s'avère primordial, c'est d'étudier notre intériorité comme porteuse de signification. C'est la tâche fondamentale que s'est donnée Kä Mana dans ce chapitre, à savoir repenser les mythes dans la perspective de leur

---

[1] M. TOWA, *Essai sur la problématique philosophique dans l'Afrique actuelle*, Ed. Clé, Yaoundé, 1981, p.11.

démythologisation, en vue de les restructurer pour une existence consciente, pour une nouvelle stratégie d'action. C'est cela qu'il nous propose dans les perspectives herméneutiques, après l'analyse de chaque mythe.

I. Le mythe de l'Occident et sa perspective herméneutique

1. Le mythe et son imaginaire

Loin d'avoir la pensée de l'Occident localisable dans l'espace et dans le temps, Kä Mana fait ici allusion à l'Occident *en nous*, à l'idée que nous avons de sa structure globale et de notre devenir. C'est en effet cet Occident subjectif qui détermine notre relation à l'Occident objectif que notre auteur appelle « mythe », et d'abord au sens positif, c'est-à-dire comme un jeu de représentations imaginaires décidant des options et orientations majeures, là où il y a correspondance entre faits de conscience et images verbales. Mais, Kä Mana parle aussi du mythe au sens négatif, c'est-à-dire dans la conception de notre rapport à l'Occident.

Comme mythe, l'Occident nous enchante en vainqueur dominant, en maître attrayant, en père fascinant. C'est tout à fait visible dans le mimétisme qui va du petit peuple aux élites politiques, économiques et religieuses. L'Afrique est en proie à la fascination que l'organisation matérielle de l'Occident et sa puissance technologique, militaire et financière, exercent sur l'esprit. Les élites africaines n'en sont pas épargnées, charmées qu'elles sont par ces grands idéaux : démocratie, égalité politique, droits de l'homme, libertés fondamentales, révolution, libération, etc. Encore plus profondément, le continent noir se rue derrière le sens d'une organisation rationnelle des choses, de la maîtrise technique du monde, de la rigueur scientifique et philosophique de l'Occident comme seule clef du pouvoir sur la nature. Et nos échecs dans ce mimétisme confortent en nous le mythe de l'indépassable puissance occidentale.

Cependant, toujours en tant que mythe, l'Occident nous désenchante par les instincts de mort auxquels il est lié dans la fondation d'un nouvel ordre éthique, d'une nouvelle logique d'interculturation et de dialogue interhumain. Nous sommes témoins en effet de la sottise occidentale dans son mépris de l'homme et de la trahison de ses propres principes d'humanisme et de liberté. Il est encore frais notre conscience, le tribut que l'Occident – pour être ce qu'il est devenu aujourd'hui – a payé à la violence, au mensonge, à la mauvaise foi et au cynisme. Esclavage, colonisation et néocolonialisme, ce sont les moyens qui lui ont servi pour acquérir la maîtrise des lois de la nature en réduisant l'Africain noir à un objet. Aujourd'hui encore il est clair pour tous que l'Occident s'enrichit en créant des points de tension en Afrique pour y vendre des armes à profusion.

Rares sont les Occidentaux, chacun le sait, qui œuvrent en Afrique avec le souci du bien des Africains, et cela malheureusement même chez certains agents dits d'évangélisation. N'a-t-on pas vu, en effet, des congrégations religieuses internationales à prédominance occidentale, implantées en Afrique, refuser les études universitaires aux autochtones en dehors de la philosophie et de la théologie ?

Force nous est de constater que l'Occident a dans notre imaginaire un caractère sacré qui nous enchante et en même temps la nature d'un monde qui nous terrorise. Cet Occident, nous la représentant nous-mêmes en notre être-au-monde. En effet, devant lui, nous sommes en nous-mêmes, en notre être propre et c'est cela qu'il faut remettre en question, en jeu. Pour cela il nous faut coïncider entièrement avec l'image que nous avons de nous pour éprouver l'Occident comme dimension fondamentale de notre être contemporain. Car, en fait, c'est lui, cet Occident, qui décide de notre vie et de ses grandes orientations. C'est lui le grand mythe de notre destin.

Pourquoi avons-nous tant de difficultés à repenser, à refaire et à redéfinir notre psychisme, alors qu'il ressort clairement que l'ambiguïté en nous de l'Occident constitue l'interpellation décisive pour notre être-au-monde actuel ?

Il faudra analyser ici la présence fantasmagorique et mythologique de l'Occident en nous comme sans rapport avec notre être réel et notre monde tel qu'il est. En effet, alors que le mythe de l'Occident évoque en nous une image d'enchantement et de désenchantement, la dramatisation de ce mythe en tant que clé de notre univers et explication totale de notre histoire constitue la fantasmagorie de cet Occident. Ainsi, au lieu de nous mettre en question dans nos structures de conscience et d'existence, nous nageons dans la pure mythologie, dans l'imagination fonctionnant par la logique de la causalité, laquelle logique nous aiderait à nous expliquer à nous-mêmes notre condition actuelle. C'est en effet dans l'Occident que nous trouvons la cause première et efficiente, selon cette logique de nos misères, de notre déshumanisation quotidienne.

Par ailleurs, en nous en frottant les mains, nous trouvons dans le drame de notre dérive la raison de nous défaire de nos responsabilités propres. Dans le secret de notre être nous avons l'espoir que l'Occident, ce grand crucifié de nos espérances, ressusciterait avec sa puissance et qu'il viendrait reconstruire notre société. Il faut dévoiler la mythologie de notre relation à l'Occident, dans l'écart entre cet espoir caché par plusieurs d'entre nous et l'idéologie d'accusation permanente de l'Occident. C'est une comédie terrible que de vouloir nous soulever contre l'Occident avec des armes que lui-même fabrique et nous vend ; que de dénoncer sa présence nocive chez nous au moment où nous nous fions à lui pour dénouer les nœuds de nos inhumanités existentielles.

2. De la perspective herméneutique

Dans ce paragraphe il sera question de penser réellement la relation Afrique-Occident sans tomber une fois encore dans la mythologie et en évitant le chemin déjà tracé par les idéologies de l'identité. Pour ce faire, Kä Mana se sert de la pensée de Lin-Tsi, un spirituel chinois, exprimée dans le texte qui suit de méditation philosophico-poétique sur la relation entre l'homme et l'objet ; Kä Mana propose de mettre *Occident* à la place de l'homme et *Afrique* à celle de *l'objet :*

« Lors d'une consultation du soir, le maître donna l'instruction suivante :

Parfois supprimer l'homme sans supprimer l'objet

Parfois supprimer l'objet sans supprimer l'homme

Parfois supprimer à la fois l'homme et l'objet

Parfois ne supprimer ni l'homme ni l'objet. »[2]

Ainsi l'utilisation qu'en fera Kä Mana sera celle-ci :

« Parfois supprimer l'Occident sans supprimer l'Afrique

Parfois supprimer l'Afrique sans supprimer l'Occident

Parfois supprimer à la fois l'Occident et l'Afrique

Parfois ne supprimer ni l'Occident ni l'Afrique. »[3]

Le *« parfois »* de cet instrument dialectique conduit à des analyses tantôt affirmant un temps, puis un autre temps

---

2 KÄ MANA, *op. cit.*, p. 118.
3 Ivi, p. 119.

infirmant ce qu'elles ont affirmé ; affirmant et niant à la fois ; soit ni affirmant ni ne niant. L'Occident qu'il faut supprimer dans nos représentations imaginaires pour construire sur des nouvelles bases et produire une logique nouvelle, c'est cet Occident qui nous réduit à notre néant actuel, l'impuissance, la dépendance, la marginalisation, une désespérance avilissante. Ainsi, il nous restera à nous penser nous-mêmes avec notre néant, nos impasses, nos contradictions, afin d'affronter notre condition avec les seules forces que nous nous procurons. L'Afrique qu'il faut supprimer est celle des obsessions, des fascinations et des révoltes, afin qu'elle ne soit pas notre seule médiation dans nos rapports au monde. Alors, nous pourrons innover quant aux possibilités d'articulation de nous-mêmes à notre monde et à celui des autres.

Supprimer l'Afrique en même temps que l'Occident, cela équivaudrait à supprimer en imaginaire l'Afrique comme identité et l'Occident comme idiosyncrasie, puisque les deux s'opposent au monde commun de notre modernité. Ce monde lui-même devrait être supprimé dans la dynamique de l'imaginaire, pour faire place à un lieu qui ne relève pas de nos réseaux de communication dont la nature est d'homogénéiser les mentalités et les attitudes. Il ne relève pas non plus des particularités de nos cultures. C'est donc un lieu toujours à créer par le travail de la conscience, un principe d'utopie et de novation du monde.

La dialectique se termine par le *« parfois ne supprimer ni l'Afrique ni l'Occident »*. Quels sont alors cette Afrique et cet Occident à conserver pour en maintenir l'énergie et la présence ?

Il est d'abord question de cet Occident mué en un phénomène nouveau par la découverte de ce lieu autre où la conscience trouve une tâche de novation. C'est l'Occident de l'Être métaphysique comme problématique, qui ne réduit pas le monde aux « étants » mais le réfère toujours à son être et à celui des choses. C'est cet Occident de la dynamique faisant surgir l'histoire comme découverte de l'homme hors de toute mythologie, la politique comme aventure de la liberté, et la philosophie comme questionnement constant de l'existence pour une conscience ardente de l'interpellation éthique de l'Être. C'est l'Occident de l'intelligence pour la maîtrise et le respect de la nature et de la raison en quête du sens profond de notre *être-au-monde.* C'est l'Occident de la science et de la technique dans leur dynamisme.

Quant à l'Afrique à conserver, il s'agit de celle dont la grande sagesse des choses et l'entente secrète entre corps et monde, esprit et rythme des êtres sont dits à l'homme par l'histoire, cette Afrique de la patience confiante envers la capacité de l'homme à résister à l'homme. Il s'agit d'une Afrique qui est grande fécondité spirituelle de la terre intégrant la puissance de la raison objectivante et calculante dans l'exigence éthique de la vie et de l'espérance.

C'est rester sensible en imaginaire à la dimension de créativité intrinsèque de l'homme que de conserver cette Afrique et l'énergie de cet Occident. C'est aussi croire que la raison et l'émotion sont motrices du même monde qui se construit suivant différentes trajectoires spirituelles entre peuples, et non plus penser que l'Occident est le domaine de la raison et l'Afrique celui de l'émotion.

Notons que cette dialectique a le *« parfois »* comme élément fondamental, permettant de comprendre les quatre possibilités comme les quatre faces d'un même cube, mais pour savoir laquelle mettre en œuvre, seul le pouvoir de la liberté en a la compétence.

II. Le mythe de l'identité culturelle et sa perspective herméneutique

1. Le mythe et son imaginaire

Ce mythe est une tentative de réponse globale de l'Afrique Noire à sa condition d'existence actuelle. Il faut situer son origine dans la réaction des Noirs non américains à la situation qui était la leur à la fin du siècle dernier.

En effet, ces Noirs américains ont cherché leur être propre en se tournant vers l'Afrique pour échapper au manque de travail et faire face à l'échec de leur volonté de s'intégrer. Mais, il faudrait souligner que l'Afrique dont il est question ici n'est pas géographique, ce n'est pas une Afrique rêvée par les Noirs américains dans leur assujettissement intégral par les Blancs. Il n'est pas question de vivre un mythe lointain, mais de trouver en soi-même une motricité inébranlable pour une *Weltanschauung* où le Noir exalte sa fierté d'être Noir. Les jeunes Antillais et Africains à Paris dans les années trente avaient voulu manifester cela par une nouvelle identification de soi refusant l'assimilation et le mimétisme. De cela partit le mouvement de la négritude avec Aimé Césaire, Léopold Sédar Senghor, Léon Gotran Damas et d'autres jeunes Noirs. La négritude n'était pas seulement pour eux l'ensemble des valeurs culturelles du monde noir, mais aussi *« L'énergie pour faire émerger un monde nouveau, un monde nourri des promesses poétiques d'une rénovation totale et porté par l'esprit du Grand Soir à l'horizon de la lutte des classes, ou plus exactement, de la lutte des races. »*[4]

---

[4] L. S. SENGHOR, *Ce que je crois,* P. 139, cité par KÄ MANA, *op. cit.*, P. 75.

En tant que rythmique sous-tendant les espérances négro-africaines, l'identité africaine est cet ensemble de valeurs culturelles dansées, poétiquement senties avant d'être théorisées comme une idéologie de la résistance à l'Occident.

Dans son moment poétique, l'identité culturelle est une utopie active, une volonté de transformation du monde, la moteur volcanique d'un agir de nature à métamorphoser le monde. Tandis que dans son moment idéologique, l'identité culturelle est une béatitude onirique, une rêverie abstraite s'épuisant dans des revendications bruyantes et inoffensives.

Si la négritude a été rendue ambiguë dans ses desseins et contestée dans son projet par la jeune génération de penseurs africains, c'est à cause du primat du moment idéologique sur le moment poétique du mythe de l'identité culturelle négro-africaine. Ainsi, tout était comme si la culture négro-africaine devait être un moyen pour endormir les peuples dominés d'Afrique en les conscientisant à une fausse grandeur, une gloire fictive déphasée des questions décisives de nos jours. Donc, avec l'éclatement de la négritude, l'identité culturelle disloquée devient un mythe sans âme, ballotté par les vagues de l'histoire. Il faut néanmoins dire que la négritude n'est que le noyau et le lieu d'émergence du mythe de l'identité, et non son contenant.

Ce mythe, quant à lui, est le noyau des mouvements politiques et idéologiques africains qui ont réduit la culture à un folklore amusant, immergé l'énergie novatrice négro-africaine dans les profondeurs d'un assujettissement au seul langage des pouvoirs établis. La glorification des nouveaux chefs par la danse, les chants, la réduction du peuple aux fonctions de griot deviennent alors des pratiques identitaires. Nous en sommes témoins dans notre pays où on a chanté hier pour Mobutu le feu président, comme aujourd'hui, on chante pour Kabila l'actuel, et son parti politique, et demain ce sera pour un autre et son propre système ! Le comble, c'est que l'identité culturelle, au lieu d'être une présence créatrice en soi, douée de sa propre dynamique historique, s'est muée en arme de l'Afrique contre la toute-puissance de l'Occident. Son échec étant total en tant que tel, son identité culturelle se met au service des pouvoirs noirs sur leurs congénères.

2. De la perspective herméneutique

Sur la question de l'identité culturelle et de sa place dans une réflexion d'ensemble quant à la dynamique de la culture, Kä Mana se base sur deux principes, à savoir la redéfinition claire et fondamentale de la notion de culture, et l'utopie de l'imaginaire comme nouveau cadre de pensée où se dévoilent les bases ontologiques et anthropologiques de cette culture.

Le premier principe est la négation du fixisme de l'identité culturelle comme une somme de valeurs. Ce fixisme objective la culture pour en analyser un à un les éléments et les établir globalement en vision du monde. Pour notre auteur, c'est autour de quatre articulations théoriques qu'il faudra redéfinir la dynamique culturelle.

D'abord, Kä Mana parle de la *culture culturante* pour désigner cette puissance structurante et productrice des institutions, des organisations et des symboles constituant progressivement la réalité sociale au cœur de l'histoire. Ensuite, il parle de la *culture culturée,* soit l'ensemble des symboles, institutions et représentations fonctionnant à un moment donné de l'histoire et dans une formation sociale. Enfin, il parle de la culture comme *distance culturante*, soit la capacité d'échapper aux déterminismes des deux premières et de prendre conscience de sa nature comme partie prenante de l'humain et pouvoir infini de novation. Enfin, quatrièmement, il parle de la culture comme d'un utopisme de sens ou de moment dans une existence qui soit permanente dans une créativité concourant à plus d'humanité.

Ainsi dite, la culture est un *à-être,* un *futurible*[5]*, un devoir-être* que l'on ne peut figer dans une modalité qui serait alors l'essence d'une identité culturelle. Toute tentative d'identification de l'identité débouche dans une caricature réductionniste de mauvaise qualité.

Le second principe redonne la triple dimension de l'imaginaire dont la logique est une urgence pour la redéfinition du concept d'identité. L'imaginaire est d'abord le parcours de l'humanisation, parcours qui orchestre les forces de l'inconscient, du milieu et de l'esprit, afin de donner à l'homme une idée d'ensemble de sa place dans le monde et un sens global de sa vie. Il est aussi la somme *d'idées-images* travaillant dans le fond vital d'une constitution historico-sociale. Enfin, au sens social, l'imaginaire est l'exercice de la fonction imaginante orientée vers une innovation dans l'organisation et le symbolisme actuels. Considéré dans ce triple sens, l'imaginaire met en œuvre la logique de novation et non celle d'identité. C'est une logique d'utopisme, une tension vers l'humain en tant que concept et utopie. Kä Mana donne ici une perspective fondamentalement éthique à élargir à l'humanité universelle sans exclure un seul peuple, un seul homme.

---

[5] A. LALANDE., *Vocabulaire technique et critique de la philosophie,* PUF, Paris, 1991, p. 1253.

III. Le mythe de l'indépendance et sa perspective herméneutique

1. Du mythe et de son imaginaire

Ayant pris conscience de ce qu'ont été pour son destin politique les quatre derniers siècles de son histoire par la force du mythe de l'identité culturelle et de ses exigences, ayant compris ce qu'a été la tragédie qui était sienne dans sa rencontre avec l'Occident, l'Afrique Noire s'est réveillée de cette nuit profonde avec l'idéologie glorieuse et féerique de l'indépendance. Un nouveau mythe plein d'espérance a envahi les consciences négro-africaines. Ce mythe a frôlé la réalisation, quand à la fin des années cinquante, les pays du continent noir ont accédé, l'un après l'autre, à leur autodéfinition politique.

> *« Le soleil des indépendances jaillissait de l'horizon comme un chant d'espoir. (...) Nous voyions grand, nous regardions loin, nous rêvions fort. (...) L'indépendance fut ainsi un nouveau pays des merveilles, un monde rayonnant serti des plus beaux de nos désirs. Réponse émotive à une situation de total étouffement, elle prit la forme d'une option pour un nouvel ordre social des choses ».*[6]

Défis politiques, paris économiques, espoirs sociaux et volonté africaine de réconciliation avec l'histoire, une nouvelle mythologie fertilise notre imaginaire. L'indépendance prétendait en effet constituer l'unique réponse solide et saine à tous les problèmes de l'Afrique noire. Elle a malheureusement fini par perdre sa fertilité d'espérance et se dissoudre en illusions à force de trop promettre et d'enflammer tant de désirs.

---

6 KÄ MANA, *op. cit.*, p. 77.

Nous avons été orientés, en effet, vers des conceptions de l'indépendance très diversifiées et contradictoires, lorsqu'il s'est agi de l'assumer en fonction de contraintes précises et de défis clairement déterminés. Des castes d'hommes politiques, des clans ont confisqué cette indépendance et ont imposé le système d'*État-Tribu* à leurs congénères. Aujourd'hui encore, ce système préside notre destin pour notre malheur : il est la pure expression de notre incapacité de passer du système colonial à un défi alimentaire, qui en fait la région du monde la plus touchée par l'expérience d'une vie remise à nos propres mains : l'Afrique indépendante se caractérise par la malnutrition. Seuls quinze États assurent à peu près convenablement leur autosuffisance alimentaire et, sur ces quinze, seuls six sont pleinement autosuffisants. Les trente-huit autres sont, à des degrés divers, obligés de recourir tous les ans au marché mondial pour la nourriture quotidienne de leurs populations.

La FAO ne cesse de tirer la sonnette d'alarme. Dans un rapport publié en 2005, elle prédisait trente-huit millions d'enfants mal nourris d'ici à 2015, contre trente-deux millions en 1997. Plus globalement, deux cent cinquante millions de personnes sont aujourd'hui sous-alimentées au sud du Sahara. Or, selon les États, 80 à 90 % de la population appartiennent au monde rural, et quatre personnes sur cinq travaillent dans le secteur primaire. Comment justifier l'incapacité de ces « républiques paysannes » à nourrir leurs populations ? Autre paradoxe, toujours, l'Afrique est riche de ses ressources, les surfaces pour l'agriculture sont immenses, et ce secteur primaire, qui devrait occuper le premier rang dans la croissance de son économie, montre encore de grandes difficultés à pouvoir décoller. Les routes, presque impraticables, font que les marchandises qui viennent de Pékin arrivent plus facilement à destination que celles de l'intérieur même du pays.

Selon Jean Ziegler, contrairement à bien des idées reçues, le déficit alimentaire de nombreux États africains n'est pas le fait de guerres civiles ou de calamités naturelles qui ne sont que des facteurs aggravants épisodiques. C'est le système de production agricole qui est déficitaire à la base, et depuis longtemps, même en temps de récoltes normales, autrement dit lors qu'aucune guerre, aucune sécheresse, aucune attaque de criquets ou autres calamités naturelles (ou dues de la main de l'homme) ne ravage le pays.[7] Le système agricole à lui seul, s'il était bien soigné, suffirait pour subvenir aux grands besoins de l'Afrique.

Il faut néanmoins creuser aujourd'hui le mythe de l'indépendance pour découvrir que, malgré tout, il a existé une volonté, de liberté chez des personnages de la politique et de la pensée africaine. Et pour cette volonté ils ont donné leur vie. L'indépendance serait une tâche pour la pensée et un enjeu pour l'action si nous renoncions à l'onirisme des années soixante pour réfléchir lucidement sur le projet de notre être-au-monde contemporain. Ces personnages qui en ont concrétisé l'énergie seraient des archétypes dans ce processus réflexif. Parmi eux font partie de la mémoire collective négro-africaine, Patrice Emeri Lumumba, Barthélemy Baganda et Kwame N'krumah.

Je crois qu'en Afrique l'indépendance était mal conçue et presqu'incomprise par beaucoup de colonisés. Au bout de trois-quarts de siècle, les jeunes générations qui naissaient vivaient le travail non comme une vertu du corps et de l'âme, mais comme une corvée imposée par l'homme blanc. Le modèle à suivre, c'était le petit colon souvent en culotte et cravate, cigarette à la bouche, bâton à la main, chapeau noir sur la tête et lunettes aux yeux, commandant au doigt et

---

[7] J. ZIEGLER, *L'Empire de la honte,* Fayard 2005, Le Livre de Poche, 2007.

à l'œil comme par coups de baguette magique. Tous rêvaient de soirées emplies de boisson et de musique.

Sur le terrain, pourtant, les choses ne s'avèrent pas toujours comme on se les imagine. Il faut travailler et travailler dur pour avoir à manger. L'indépendance, loin de favoriser la démocratie, n'a rien fait d'autre qu'encourager et soutenir cet esprit paternaliste. Les Africains sont terrorisés par leurs propres frères. Vrais tyrans, tous les dirigeants veulent s'éterniser au pouvoir, en dictature, et ceux qui ont connu le temps de la colonisation souhaiteraient presque y revenir.

Ainsi donc, ces années écoulées depuis les indépendances doivent devenir aujourd'hui un chemin de quête et de questionnement pour tous les Négro-Africains, afin qu'à travers nos illusions et nos désillusions fleurisse l'exigence d'un nouveau destin

2. De la perspective herméneutique

L'indépendance doit être considérée dans sa dimension globale. Elle ne doit pas être limitée à la représentation imaginaire politico-économique d'une contrée. Il faut saisir l'indépendance dans ses quatre dimensions, d'abord, comme une marque de revendication de l'*histoire* de l'humanité, et pas seulement de notre passé ; ensuite comme une marque de revendication de l'*actualité* de l'humanité, et pas seulement de la nôtre ; puis comme une marque de revendication du *futur* de l'humanité, et pas seulement de notre avenir et de ses espoirs ; enfin, comme une marque de revendication des préoccupations fondamentales du *destin de l'humain,* et pas seulement de la vie politique.

La civilisation négro-africaine ne sera indépendante que lorsqu'elle sera en mesure de prendre en compte ces quatre exigences fondamentales, qui mettent autant l'accent sur l'humanité phénoménologique que sur l'humanité existentialiste, tous les hommes et tout l'homme. Le comble pour l'Afrique, c'est de considérer l'indépendance par rapport à la dépendance, au lieu que ce soit par rapport à la structuration intérieure de la politique basée sur la liberté et la puissance éthique du dialogue. La liberté et le dialogue sont en effet le fondement d'une altérité dans la collaboration internationale. Il faut noter, en fait, que les nations se rencontrent quant à certaines actions politiques. Il n'est plus alors question d'un mythe, mais d'un fait à réaliser par l'exercice politique et la pratique éthique. C'est là l'enjeu de notre destinée à nous, Négro-Africains modernes.

IV. Le mythe du développement et de sa perspective

1. Du mythe et de son imaginaire

Ce mythe vit le jour lorsque, d'année en année, il s'avérait que le mythe de l'indépendance ne mobilisait plus l'imaginaire négro-africain par sa puissante séduction onirique. Il se donna aussi pour mission de répondre positivement aux espérances déçues.

Dans le débat, le concept de développement n'est pas chargé du sens d'une réalité analysée avec lucidité et pensée de façon concrète. Il désigne plutôt un poudroiement d'onirisme et d'enchantement. Il embrasserait tout le champ de la vie de sorte que chacun y mettrait ce qui serait désirable pour lui, béatitude matérielle, paix du cœur, désir d'harmonie sociale, obstination à croire à l'existence d'une société parfaite. Malheureusement, de théorie en théorie, la profusion des discours sur le développement se trouvera confrontée à l'incontournable loi de la réalité du continent.

« La logique du mimétisme laissait présager des transformations profondes des mentalités et l'adoption du style de vie de la bourgeoisie occidentale à l'échelle de toutes les couches de la population africaine. Il ne s'en fallut pas de beaucoup pour que la logique du mimétisme aveugle dévoilât ses faiblesses foncières ».[8]

C'est un sous-développement fatal qui pointait à l'horizon de cette illusion de modernité « *tape-à-l'œil* ». Et, comme un rat pris dans un piège, l'Afrique devenait de plus en plus pauvre et maintenue dans cette pauvreté par l'Occident. Léonardo Boff l'a bien exprimé dans un article en lien avec la théologie de la libération dans son pays. Il dit en effet : *« ... D'où se formulera dans les années 70 une troisième théorie du sous-développement comme revers de la médaille du type de développement selon les modèles capitalistes. (...) Puisque le capitalisme des pays pauvres dépend du capital central, le système ne peut que produire le développement du sous-développement de ces pays. C'est-à-dire que les riches deviennent de plus en plus riches aux dépens des pauvres toujours et encore plus pauvres. »*[9]

Il faut constater que l'Afrique est non seulement sous-développée, mais aussi maintenue dans le sous-développement à l'intérieur d'un système de dépendance économique, politique, socioculturelle, et même religieuse. Mais, en tout et pour tout, c'est le mimétisme qui a été mis en question et non le développement lui-même. Cette logique a échoué pour les mêmes raisons que l'indépendance, c'est-à-dire parce que le développement a été pensé dans un imaginaire de colonisé et de néo-colonisé, structuré autour de théories et de schèmes antagonistes de

---

8 *Ivi*, p. 88.

9 L. BOFF, « Que sont les théologies du Tiers Monde ? », in *CONCILIUM,* n° 219, Beauchesne, Paris, 1988, p. 17.

l'Occident. Il faut retrouver, ici encore, le jeu intra-négro-africain d'enchantement et de désenchantement accompagné d'une crise d'autocritique existentielle.

La formation reçue en Afrique jusqu'à ce jour ne donne pas de résultats utiles pour la formation des compétences. Elle est elle-même obsolète dans ce sens qu'elle s'appuie sur des contenus qui n'ont rien à voir avec l'émergence des questions que soulève le continent. Le modèle d'éducation est psychologiquement dépendant du système européen. Les Africains, fils de la colonisation, sont presqu'incapables de proposer un modèle original qui prendrait en considération des questions concernant leur propre continent. L'Afrique ne veut pas se penser, mais être pensée. Le pire de la colonisation n'est pas économique, il est mental. L'imaginaire paralysé engendre en Afrique des mal-nés incapables de vivre par eux-mêmes.

2. De la perspective herméneutique

Avant de parler du mythe de développement, dans une perspective herméneutique, il faudrait affirmer l'acquisition dans les sciences humaines, de même qu'en philosophie et en théologie, de la notion-même de développement, ensuite, dans une révolution solidaire, assumer ce développement comme une lutte contre la misère sous toutes ses formes, injustice et inégalité, et enfin, inscrire avec dynamisme l'idée et la réalité d'un développement dans le processus de créativité radicale de la réalité au sein d'une perspective humanisante.

Avec ces trois exigences, le développement, au lieu d'être un onirisme de la promotion humaine, serait un mythe converti en problème majeur pour le présent et l'avenir. Qu'à cela ne tienne, il faudrait souligner la nécessité de revendiquer sans complexe et au nom de la révolution solidaire, chacun des efforts fournis au plus lointain du monde pour la promotion de l'humain. La techno-science est, en effet, un patrimoine universel. Pour ce faire, il faudrait s'appuyer sur la logique des rencontres inter-subjectives, inter-communautaires et inter-organisationnelles ; rencontres motivées par le souci et, la passion de l'humain. Mais, à notre avis, le problème se poserait au niveau des participants dans cette logique, et c'est même pour nous la grande difficulté que rencontrerait la *mondialisation*[10] que semblent promouvoir certains esprits. Il y faut une dynamique participative et créatrice de la part de chaque homme et de chaque société d'hommes. Cela exigerait une forte conscientisation dans la prise des responsabilités de chacun, ce qui semble friser l'onirisme à la manière même du mythe de développement.

Cet onirisme, même utopique, pourrait être le leitmotiv d'une action aboutissant à une société où l'humain l'emporterait sur l'égoïsme individuel et collectif. C'est cette foi en une société universelle toute nouvelle qui transformerait le mythe de développement en problème pour la pensée et en énergie pour l'action. L'Afrique, avec certains de ses leaders, a tenté d'opérer une révolution, mais ces diverses tentatives n'ont accouché que d'une souris parce qu'elles étaient organisées en micro-nationales. Selon Ki Zerbo, « si toutes ces tentatives de libération de l'Afrique – Sékou Touré en Guinée, Kwame N'krumeah au Ghana, Thomas Sankara au Burkinafaso –, ont échoué en grande partie, c'est parce qu'elles ont été des tentatives solitaires, et non solidaires »[11]. Selon lui, la libération de l'Afrique doit être un processus panafricain. Nous voulons insister sur l'opinion de Ki Zerbo, en précisant que l'échec du développement de l'Afrique se justifie par le fait que l'ennemi était l'Africain lui-même. On comprend donc que

---

10 Denis CLERC, « une mondialisation au service de l'homme », in *SPIRITUS,* n° 146, Paris, Saint Paul, 1997, P. 3.

11 Ki ZERBO, *A quando l'Africa*, Bologne, EMI, 2005, p.32.

la libération panafricaine ne peut être autre que l'engagement de tous et de chacun.

V. Le mythe de la libération et sa perspective herméneutique

1. Le mythe et son imaginaire

C'est la libération qui est venue orchestrer le rapport du Négro-Africain avec son avenir, en dominant ses représentations mentales, et ce après l'Occident, l'identité culturelle, l'indépendance et le développement. Étant ici un mythe, la libération était rêvée et non pas analysée intellectuellement par l'Afrique. Elle conduisait à penser à un détachement de l'Occident de cette Afrique authentique pour une auto-identification avec ses sources spirituelles et son histoire, sa propre répartition de la politique, de l'économie, de la vie sociale et de la vie culturelle. Malheureusement, comme dans les mythes précédents, la libération fut pensée dans une mentalité de colonisé et de néo-colonisé, ce qui la conduisit fatalement à l'échec connu par les précédentes représentations imaginaires.

Cette libération a deux autres nécessités négro-africaines à savoir rompre avec l'Afrique du mythe idyllique pour s'intégrer dans la rationalité philosophique et scientifique, logique libératrice actuelle, et rompre aussi avec le primat du politique, des idéologies matérialistes, de la science et de la technique, en mettant en jeu la dynamique anthropologique globale.

C'est dans les élites politiques, économiques et religieuses que fonctionne concrètement ce mythe en puissance structurante de discours agressifs. Un exemple des plus manifestes est celui de la libération invoquée par le successeur du feu dictateur de l'actuelle République

Démocratique du Congo, le défunt Mobutu. Effectivement le dictateur est parti, – peut-être même en enfer. Mais, à la place d'un espace politique plus ou moins démocratique, nos « libérateurs » nous ont imposé une dictature à leur mesure. Par la suite, encore, quelques rebelles non satisfaits se sont alliés aux étrangers pour chasser à leur tour ce nouveau régime toujours au nom de la libération, alors qu'ils viennent en tuant ceux-là mêmes qu'ils prétendent vouloir libérer. C'est là un exemple pratique de la libération comme mythe fondé sur la puissance structurante de discours idéologiques agressifs.

Dans le concret, rien n'est réellement de nature à libérer la population. Mais, s'il y a libération, constatons que seuls sont présents, voilés, des intérêts personnels inavoués. Seuls ceux qui ne comprennent pas que les hommes politiques de chez nous savent manipuler notre structure psychique essentiellement mythique pour orchestrer la vie nationale, seuls ceux-là, disons-nous, peuvent continuer à croire à cette libération foncièrement imaginaire.

Tel que fonctionne le concept de libération dans la pensée négro-africaine, il y faut une nouvelle élaboration théorique capable d'utopisme pour combattre l'aliénation et la marginalisation du continent.

2. La perspective herméneutique

Trois idées paraissent très importantes à ce niveau pour convertir le mythe de la libération en enjeu pour une logique sociale nouvelle en Afrique Noire moderne. Avant tout, la libération doit être considérée dans l'optique du *bonheur* de tous. Ensuite, cette libération doit aboutir à la *liberté* de tous. Enfin, le processus de libération doit se manifester dans trois composantes : la diversité des points actifs de libération, la coopération entre les civilisations pour un ordre nouveau, la concurrence entre les peuples pour promouvoir une humanité de liberté.

Remarquons que c'est le bonheur qui constitue en tant que processus l'idée régulatrice de la libération. Il peut ramasser l'énergie d'espérance et d'utopisme qui enflamme le cœur négro-africain moderne. Chacun souhaite vivre ce bonheur. Dans ce contexte, le problème de chacun est le mien, quelles que soient la religion, la race, et même la *Weltanschauung* de ce chacun. En effet, pour Kä Mana, la libération comme problème du bonheur humain serait alors non pas seulement la contestation des mythes politiques, économiques et sociaux des pays africains, mais l'esprit d'un ordre international, actuellement incapable d'assurer le bonheur de chacun, et encore moins d' majorité. Je suis lié au destin de chaque homme dans sa pauvreté, sa lutte contre l'injustice et l'étouffement social.

Il n'est pas question des rapports Nord-Sud, ni des rapports Sud-Sud. Ces rapports n'ont de sens que s'ils se situent dans la perspective globale et dans la solidarité d'action entre tous ceux qui se trouvent concernés et interpellés par le problème humain. Il faut dire ici que nous devons nous considérer comme tous concernés par l'accent politico-économique en Amérique indo-latine, l'accent culturel en Afrique Noire, l'accent scientifique en direction de la restructuration sociale et de la démocratie à l'Est, l'accent spirituel et imaginatif dans l'Euramérique. Ce sont des réalités liées les unes aux autres, de telle sorte qu'on ne peut résoudre l'une sans les autres.

> *« C'est pourquoi, le processus de la libération en vue de la liberté est un combat de fond, de longue haleine, à mener au nom d'une vision globale de l'homme et non seulement en fonction des impératifs du moment,*

des réactions contre certaines situations intenables. »[12]

Ici aussi remarquons que la libération est donc, comme l'indépendance et le développement, une tâche pour la pensée et un acte d'énergie pour l'action. Elle met notre être en question et en jeu pour une autre structure de conscience et d'existence.

VI. Le mythe de la démocratie et le pluralisme politique

1. Le mythe et son imaginaire

Avec la *Perestroïka* a soufflé sur le continent négro-africain le vent de contestation des systèmes autocratiques et totalitaires. On a vu les plus aguerris des dictateurs tenter d'élargir leurs politiques, d'autres ont simplement cédé à la pression populaire pour organiser des conférences nationales. C'est alors que verra le jour un autre mythe passionnant qui met en effervescence l'imaginaire social négro-africain longtemps et plusieurs fois déçu dans ses espérances.

> *« L'Afrique est malade de ses dictatures et de ses systèmes autocratiques, affirme-t-on. D'avoir vécu ses quêtes essentielles en situation totalitaire l'a ruinée de fond en comble, a détruit toutes ses potentialités de créativité. Elle n'a donc qu'une voie de salut, une et une seule, clame-t-on : la démocratie, le pluralisme politique, le respect des droits de l'homme et la promotion des libertés fondamentales. »*[13]

On affirme aussi que les colonisateurs continuent à garder l'Afrique dans le mauvais état de ses structures, en

---

[12] KÄ MANA, *op. cit.,* P. 151.

[13] *Ibidem*, P. 103.

soutenant les dictatures africaines. Il s'agit donc d'une responsabilité propagée et partagée entre les chefs politiques du continent noir et le dessein néocolonial de l'Occident. Cela se justifie par la fréquence des coups d'État. De 1960 à 1990, on en a compté deux-cent soixante-sept. La période qui va de 1957 à 1963, pour l'Afrique, a été, pour ainsi dire, un chemin en montée, difficile et douloureux, dans les différentes réalités politiques. Une phase très importante marquée par plusieurs tendances, et entre autres choses, par la création de groupes régionaux plus ou moins éphémères et structurés et, ensuite, par le débat autour du contenu sur les cadres de l'unité.

Tous les pays avaient convenu d'accélérer la libération des terres africaines encore colonisées. Mais, certains États insistèrent particulièrement sur la décolonisation à l'intérieur même des pays juridiquement libérés, sur la nécessité d'un lien politique organique, seul garant réel de l'unité et sur la nécessité de projeter cette unité chez les cadres africains. Ces idées seront confrontées à l'opposition modérée africaine et les deux tendances ont dû faire face à l'épineuse question du Congo. Nous comprenons donc dans quel climat se déroula la conférence d'Addis-Abeba.[14]

Le manque de maîtrise de la machine politique au lendemain des indépendances et l'impréparation à pouvoir assumer des responsabilités d'un système dont le fonctionnement est resté encore étrange à la population autochtone ont fait qu'en devenant des nouveaux maîtres de leur propre pays, ils ne maîtrisaient pas pour autant la nouvelle réalité de notre société si radicalement transformée. À cet effet, écrit Bakole Wa Ilunga : *« Nous devenions soudainement responsables d'une société dont le fonctionnement nous échappait. Nous nous retrouvions les*

---

[14] Cfr. J. KI-ZERBO, *Histoire de l'Afrique noire*, Paris, Hatier, 1978, p. 646.

mains vides : nous avions perdu notre identité propre. D'une part, les traditions ne pouvaient nous fournir ni l'esprit ni les techniques pour construire nous-mêmes la nouvelle société et, d'autre part, nous n'avions pas encore acquis un nouvel esprit, une nouvelle morale et les nouvelles techniques pour créer une société moderne, où nous pourrions vivre dans la dignité et la liberté. Nous faisions l'effet des Voyageurs sans bagages dans une auberge vide. »[15]

Il convient de rappeler que, durant les années qui ont suivi la conférence d'Addis-Abeba, l'Unesco avait reçu 807 demandes, en provenance des pays africains, pour l'envoi de professeurs d'école secondaire, en particulier les professeurs de langues, de mathématiques et de science. En même temps, il fallait répondre à la situation chaotique au Congo, dont le système scolaire avait été paralysé par l'exode des enseignants belges. En effet, ce fut à l'Unesco d'organiser à différents niveaux des cours et des séminaires pour le personnel local, à concevoir de nouvelles formules pour répondre d'une manière immédiate et concrète à l'urgence d'immenses besoins.

Il est juste de dire que cette conférence a laissé des traces réelles d'un engagement concret, régulier et direct de la part de l'Unesco à la véritable situation des États africains, bénéficiaires de telles opérations. De fait, les diverses initiatives promues par la conférence d'Addis-Abeba sont remarquables. La situation d'urgence créée par le manque d'enseignants, l'inadéquation des installations scolaires, l'insuffisance et l'insignifiance des programmes ont conduit à la planification d'une autre conférence, tenue à Abidjan (Côte-d'Ivoire) en mars 1964, après une conférence des ministres africains de l'Éducation, convoqués par l'Unesco à

---

15 BAKOLE WA ILUNGA, *Chemin de libération, éd. de l'Archidiocèse*, Kananga, 1978, p.30.

Paris en mars 1962. Le but de cette conférence était de réévaluer les propositions d'Addis-Abeba, c'est-à-dire de donner aux gouvernements le rôle de planifier les études selon les besoins locaux et non selon le modèle occidental. Le but est d'esquisser les contours d'une éducation originale. Il s'agissait de se soutenir de l'intérieur en utilisant l'aide de l'Unesco en vue de cette nouvelle réalité que l'Afrique ne serait plus dominée, mais maîtresse de son propre destin.

Le vent de la *perestroïka* qui a soufflé à l'Est du pays n'a pas laissé indifférent le continent. Partout, les peuples ont fêté la démocratie, pouvoir par le peuple, fin des partis uniques, début du multipartisme, établissement de l'État de droit. Mais si l'on s'hasarde à le remarquer, certains présidents africains ne sont ni préparés ni animés de bonne volonté pour l'alternance au pouvoir. Ils manipulent à volonté la constitution et matent des populations entières avec des enlèvements semant la terreur par des milices secrètes attachées directement à leur commandement, plus puissantes et importantes que l'armée de l'État. La population n'a pas encore compris qu'elle est une arme pour déséquilibrer toute forme de tyrannie. J'estime qu'il est urgent pour des pays africains de former des jeunes à une véritable démocratie dès leur plus jeune âge tout au long du cours de leurs études et d'y accorder une importance majeure.

On comprendrait donc qu'il existe une exigence de partager la responsabilité de la réussite d'une démocratie véritable dans chaque pays d'Afrique subsaharienne. Ici, le souci n'est pas la mythologisation de la démocratie, mais son actualisation, afin de construire la prospérité, la capacité d'orienter positivement les enjeux cruciaux dont dépend l'avenir. Bref, la responsabilité de chaque peuple pour la paix, la justice et la sauvegarde de la création.

Mais n'a-t-on pas sacrifié le développement au profit des discours et des passions démocratiques, qui devraient être plutôt un surcroît ? Car, en fait, la démocratie prend l'allure d'un rêve abstrait dont on peut redouter l'aboutissement identique à celui des autres rêves africains depuis les indépendances, c'est-à-dire dans la désillusion amère et le désenchantement profond. On donne l'impression de prendre la démocratie sans trop vouloir réfléchir profondément sur ce qu'elle doit signifier pour nous, Africains, dans le contexte du monde actuel. Le risque c'est aussi celui de ne se limiter qu'à un jeu destiné à amuser l'Occident dont on attendrait un soutien financier et un certificat de bonne conduite démocratique.

Ainsi, la démocratie n'est plus ce qu'elle devrait être pour l'Afrique, c'est-à-dire une dynamique fondamentale transformant les structures politiques, économiques, sociales et culturelles, autant que la structure mentale de l'homme négro-africain d'aujourd'hui à l'aune de l'humain. Pour retrouver cet idéal, il faudra alors se méfier de la mythologisation de la démocratie, de peur qu'elle n'ait pas d'impact sur la vie concrète, réfléchir profondément sur les implications concrètes de la démocratie comme volonté et comme représentation, constituer des interactions de défense et de promotion des droits de l'homme et des libertés fondamentales qui sont les bases même de l'expérience démocratique.

2. La perspective herméneutique

La démocratie comme quête fondamentale doit être comprise, selon Kä Mana, à la manière de la distinction nette entre l'*idée* démocratique – ce principe de structuration d'une *Weltanschauung*, phénomène démocratique qui est l'espace des institutions publiques à réaliser – et l'*ambition* démocratique, horizon de novation de l'imaginaire éthique.

Pour ce qui est de l'idée démocratique, il faut souligner que l'espace de la liberté en est l'enjeu majeur : seul, il peut gérer les conflits avec fécondité en vue d'une libération des énergies novatrices au sein d'une formation historico-sociale. Et, puisque la société humaine est faite de violences, de dysharmonies, d'intérêts égoïstes, d'antagonismes virulents, il convient de trouver la plus humaine des façons de gérer ces imperfections. C'est dire que la réalité du conflit est la structure fondamentale de l'esprit politique et de l'espace social. Il faut en tenir compte dans l'idée démocratique, au même titre que de la liberté. Le moyen de régularisation des conflits doit être ici l'humanisation de l'espace public par le recours à la parole comme lieu d'échange et de structuration d'un monde de dialogue. La parole est, en effet, la reconnaissance de l'autre en tant qu'autre, du projet à faire advenir par l'autre et par moi pour l'humanisation du monde. Tshikoji le dit en ces termes : *« C'est par la parole, le discours que l'homme se dévoile, se laisse découvrir et se laisse saisir comme homme. La parole est la manifestation la plus pure de l'homme. Dans l'acte de parler, c'est l'homme comme totalité qui est engagé : intentionnalité, réceptivité, créativité, connaissance et affectivité, objectivité, réflexion, volonté et liberté. »*[16]

Fondée sur la coordination des actions humaines selon la logique de l'argumentation accordée et raisonnée, la démocratie s'instaure comme le lieu d'une pratique rationnelle et raisonnable.

En plus de la liberté et de la parole comme enjeux majeurs de démocratie, il faut ajouter la foi démocratique selon laquelle il faut croire que le bonheur des hommes n'est raisonnable que par la rationalité et la moralité. Bref, c'est la

---

[16] TSHIKOJI S., « Les figures paradoxales du discours politique africain et crise d'identité », in *Éveil et croissance,* n° 19-KIN, 1998, pp. 8-9.

foi dans les valeurs de l'humain par la voie du dialogue en vue d'un compromis motivé. C'est un combat éthique selon les mots de notre auteur.

Eu égard à ce qui précède, constatons avec Kä Mana que la tâche de l'Afrique moderne est la remise en question de la logique politique, économique, sociale et culturelle qui est une logique de la puissance et de la violence. Il nous faudra partir de cette logique pour celle du dialogue et de la participation, de l'imaginaire du totalitarisme et de l'autocratie pour l'imaginaire de la communication discursive, des pouvoirs agressifs à l'espace de vie humaine où la liberté serait aussi le refus de soumettre quelqu'un. Ici, précisons que notre auteur ne parle que de l'Afrique Noire, sans plus. Mais, ce passage dont il est question concerne tout le monde sans exception. En effet, dans les rapports Nord-Sud, il y a lieu de constater cette de logique de la puissance et de la violence, logique hissant le Nord au rang du totalitarisme et l'autocratie. La preuve, c'est par exemple le fameux droit de veto qui octroie l'autorité au Nord sur le Sud dans tous les domaines. Le Nord ne voudra jamais que ce soit autrement, car il en va de son grand intérêt. Et c'est cet intérêt qui a le primat sur l'humanisation dans cette logique.

Après l'idée démocratique, parlons du phénomène de la démocratie qui doit être la réalisation de la foi et de l'idée démocratique. Constatons à ce niveau que la constitution ou la loi fondamentale est la première réalisation. Elle a le devoir éthique de définir et de structurer les mécanismes de fonctionnement du bien public. Dans ce sens, la démocratie ne sera pas le gouvernement du peuple par le peuple, selon la formule consacrée, mais elle doit être pensée comme *la quête commune du bien public.* Il y a ici le souci de régularisation des conflits et des antagonismes par une idée supérieure du bien pour lequel on peut vivre et mourir. Ainsi cette constitution doit être juste en donnant des règles d'une distribution équitable des pouvoirs, elle doit être rationnelle en fondant sur la raison les options qu'elle prend et en montrant que ces options sont orientées de manière à rencontrer l'assentiment de chaque citoyen pour ce qui est de l'ordre social, elle doit être raisonnable en se présentant comme garante de la stabilité de la vie communautaire menacée par des conflits, des intérêts irréductibles, des passions et contradictions diverses.

En tant qu'espace éthique, la démocratie organise les institutions en fonction du bien public avec comme critère dans le choix des hommes, l'impératif de fécondité pour promouvoir *l'être-ensemble.* Et pour assurer la fertilité des dites institutions, la démocratie doit prévoir dans son fonctionnement une opposition dont la mission serait de soutenir le débat et d'en assurer la permanence par des analyses critiques et lucides de l'exercice du pouvoir. Cette opposition doit avoir aussi comme logique et loi le bien public et le dialogue créateur. De la sorte, la démocratie sera *« le lieu de la désacralisation des pharaons, de tous les pharaons dans leurs mythologies de ''rois conseils'', de ''Danube de la pensée'', de ''petit père des peuples'', de ''guides clairvoyants'' ou d'infaillibles ''présidents-fondateurs''. »*[17]

La démocratie en Afrique ne portera ses fruits qu'à condition de ne pas être pensée comme un nouveau mythe, mais comme *une méthode éthique de transformation de nos espaces de vie,* c'est-à-dire le politique, le social, l'économique et le culturel.

Quant à l'ambition démocratique, il faut souligner qu'il est surtout question d'assurer le primat de l'éthique dans les dispositions d'organisation des espaces de vie. Pour notre

---

[17] KÄ MANA, *Christ d'Afrique, enjeux éthiques de la foi africaine en Jésus-Christ,* Karthala-Ceta-Cle-Haho, Paris, Nairobi, Yaoundé, Lomé, 1994, p. 249.

auteur, l'Afrique moderne doit nourrir son ambition démocratique d'une réalité religieuse qui puisse nous poser à nous, Africains, la question de notre relation à la dimension transcendante de l'existence. Kä Mana a choisi la foi chrétienne comme cette réalité religieuse à partir de laquelle il développe des réflexions ensuite comme nous le constaterons dans le chapitre suivant. Et pourquoi avoir choisi la foi chrétienne comme point de départ d'une éthique démocratique ? Parce qu'en fait, face aux préoccupations ultimes de l'existence et d'après l'analyse des mythes de l'imaginaire social négro-africain, l'auteur se sent conduit à interroger le cœur de la révélation de Dieu, du monde et de l'homme dans la Bible, fondement de sa foi en humain. C'est cette révélation qu'il considère, en effet, comme le lieu de l'intelligible expliquant les quêtes humaines de l'absolu.

VII. Instance critique

Ayant une ossature psychique mythologique comme l'a dit Kä Mana, le Négro-Africain veut résoudre ses problèmes par une sorte de dramatisation desdits problèmes, cherchant ainsi des réponses toutes faites à sa crise généralisée sans une sérieuse remise en question de lui-même. Pour lui, en effet, la cause de sa crise est à situer en dehors de lui-même et il faut la combattre à tout prix et le plus vite possible. C'est dans cette lutte empressée contre la cause extérieure de sa *méga-crise* que le Négro-Africain se trouve confronté à d'autres problèmes encore et pas de moindre considération. C'est ainsi qu'il se retrouve contraint de réajuster ses tirs pour résoudre le problème de sa grande crise, problème à multiples facettes qui se dévoilent avec le cours de l'histoire. Par conséquent, le Négro-Africain passe de mythe en mythe sans jamais trouver satisfaction de ses préoccupations existentielles.

Le mythe a la caractéristique de contenir la réalité de façon brutale. En tant que tel, il devrait plutôt être un stimulus pour la créativité négro-africaine et sa persévérance.

Aujourd'hui, la raison doit chercher sa rationalité dans la mythologie parce que, voulant se détacher de cette dernière avec l'*Aufklärung*, la raison est tombée dans la barbarie, l'irrationalité. La preuve, c'est l'exploitation de l'homme par l'homme à notre époque. Horkeïmer et Adorno explicitent clairement ce point de retour à l'irrationnel de la raison dans *La dialectique de la raison*[18].

S'il en est ainsi, il y a lieu de remarquer que la société négro-africaine, par le caractère mythologique de son imaginaire, a encore toutes les potentialités de devenir plus rationnelle que toute autre société. Mais, pour cela, le mythologique doit être éclairé par la raison et la confiance en ses capacités de novation. Ainsi, au lieu que le mythe nous assure une sécurité onirique, il doit plutôt nous mettre devant notre conscience et être une potentialité pour la réflexion d'où notre action serait créatrice et épanouissante.

En plus de la mythologisation des problèmes et de la tendance à n'accuser que les autres comme seule cause de sa crise généralisée, le Négro-Africain semble avoir une conception *négro-centriste* de l'humanité. Il oublie, en effet, que s'il a ses propres problèmes à résoudre, l'autre a aussi les siens qui, peut-être, sont d'un ordre tout à fait différent. La résolution de la méga-crise négro-africaine doit donc être prise et considérée dans l'économie générale de l'humanité sur le même plan que la promotion de l'humain et non pas seulement du Négro-Africain. Le contraire impliquerait, en effet, que l'on peut même sacrifier l'autre pourvu que l'on résolve ses problèmes existentiels, ce qui nous enfermerait

---

[18] M. HORKHEIMER et T. W. ADORNO, *La dialectique de la raison,* Gallimard, Paris, 1974, pp. 92-115.

dans la tour d'irrationalité décriée dans *La dialectique de la raison*. Pour conclure cette troisième partie de notre effort de réflexion, disons que dans la résolution de la crise généralisée que connaît le continent noir, le *« holisme »*[19] doit avoir le primat sur le solipsisme pour la promotion de l'humain.

[19] A LALANDE., *op. cit.*, p.1255.

CHAPITRE IV

POUR UN NOUVEL ORDRE ÉTHIQUE ET POLITIQUE

Nous voudrions proposer dans ce chapitre une vision globale du monde dans laquelle la démocratie, cet actuel mythe de notre imaginaire, devrait se vivre comme l'éthique de l'humain. Et puisqu'il s'agit d'une vision globale du monde, les autres mythes sont à considérer, eux aussi, dans la même éthique. Nous y parviendrons en traitant des questions essentielles et de la conversion éthico-mythique.

I. Des questions essentielles

Après l'analyse des mythes présidant à l'imaginaire social négro-africain qui a conduit à des expectatives en rapport avec chaque mythe, Kä Mana se demande s'il n'a pas passé son temps à convertir une forme de mythe en une autre. C'est, en fait, l'impression qu'aurait un esprit critique superficiel. Pour notre auteur répondant à sa préoccupation, il n'est pas question de faire la distinction entre la mythologie relevant de l'imaginaire et l'ordre des problèmes qui, lui, relèverait d'une analyse scientifique des faits. Il est plutôt question de la différenciation entre l'imagination abstraite et illusoire et l'imagination éthique motivant la conscience pour s'acquitter de ses tâches dans le concret.

« On peut aussi dire que cette différence est celle qui sépare la rêverie comme pure représentation du monde et la pensée en tant qu'intuition active et activation des possibles. »[1]

Trois niveaux de différence nous permettent d'élucider cette distinction à savoir l'anthropologique, l'ontologique et le théologique.

Au niveau anthropologique, force nous est de constater le passage de la primauté du subconscient à la primauté de la conscience. En effet, l'homme qui rêve son être historique dans l'ordre des mythes sociaux s'identifie à la crise qui est la sienne et devient cette crise même. Son subconscient submerge son être et lui aménage un espace illusoire pour le consoler. Par rapport au conscient, il est passif et attend son salut d'ailleurs. Par conséquent, il traduit ses quêtes oniriques de ce salut en mythes. Pour convertir ses mythes en problèmes, il faut une dynamique – la conscience, comme principe de remise en question de l'être du rêveur. C'est cette conscience qui deviendra alors le centre de gravité de l'existence en quête d'un « fatum » toujours en mutation et en novation. Car, en fait, si le subconscient est déterminisme, la conscience, elle, est liberté et principe concret de passage du réel au possible, avec le réel non transfiguré ni nié, mais interrogé, pensé et mesuré à l'aune des exigences du possible. Il n'y a pas besoin de supposer que cette conversion des mythes en problèmes est un nouveau mythe, car au niveau anthropologique, l'homme des sécurités oniriques n'est pas le véritable homme.

L'homme véritable est une destinée à bâtir par la conversion des mythes en exigeant des réponses concrètes et en promouvant l'humain. C'est cette conversion que Kä Mana nomme l'éthique de l'humain, c'est-à-dire l'éthique

---

1 KÄ MANA, *L'Afrique va-t-elle mourir ?*, p. 170.

de la force contestant l'homme actuel pour lui montrer que son destin est toujours plus haut, plus fertile, plus noble.

Au niveau ontologique, il y a passage de la primauté de l'être à celle de l'« à-être ». En effet, avec la conscience comme principe d'insécurisation et centre de gravité de l'existence, il y a inauguration d'une nouvelle vision du réel. L'être dévoile sa dimension d'« à-être » et son indétermination essentielle. Un monde à « faire », un monde à « faire être » devient l'objet de la conscience. Dès lors, il y a possibilité de relire les mythes sociaux et l'imaginaire qu'ils véhiculent. Ces mythes sont alors la marque de la tension propulsant l'être vers le non-encore-être, le donné vers le possible. La prise de conscience de ce soubassement à-être que dévoile l'être mythique est sentie par le rêveur comme une propulsion de mutation, une métamorphose activant son sens de sa responsabilité comme créateur d'avenir. Et c'est en tant que tel qu'il doit convertir les mythes en problèmes pour la réflexion, c'est-à-dire rompre avec la logique de la conformité aux sécurités oniriques pour déployer la logique de la novation en vue de l'être conforme à l'humain.

Au niveau théologique, la mutation est marquée de la primauté de l'homme sur celle de l'humain. Commençons par constater qu'aux niveaux anthropologique et ontologique, l'humain ne se détermine pas à partir de l'homme. Il est, par contre, la transcendance de l'homme, un impératif qui convoque l'homme à mériter d'être homme, une parole autre élevant la parole de l'homme au rang d'un projet transcendant. Cela veut dire que la conceptualisation de l'humain n'est effective qu'à partir de la parole de Dieu et de son dessein. La destinée de l'homme ou sa liberté ne le dispose pas à se donner à lui-même la taille de son propre être, mais elle se noue dans les limites de la parole de Dieu qui ne le détermine pas, mais l'ouvre à la vie.

Cette parole de Dieu n'est pas une donnée dogmatique, mais le *logos* qui se fait chair et devient le lieu autre par excellence, nous donnant de l'humain une figure observable, une expectative percevable interpellant notre liberté et notre *fatum* à la dynamique de l'humain. Ainsi le Christ devient la mesure de Dieu, de l'Être, de l'homme qu'il met devant la tâche de produire l'Amour, cet à-être qui donne l'intelligibilité à tout. Il ne s'agit pas ici d'un mythe sécurisant, mais d'un problème insécurisant et questionnant tout notre être. En effet, ce dernier est convié à se mesurer à l'humain, et l'humain comme énergétique de l'amour et dynamique matérielle de l'à-être. De ce qui précède, constatons qu'entre l'homme et le monde se meut l'humain, et qu'entre l'être et l'à-être s'active le projet divin. Force nous est donc d'observer que toute la recherche de Kä Mana débouche sur cette radicalité, à savoir : *« mesurer l'Afrique à l'aune de l'humain ».*[2]

C'est la raison pour laquelle notre auteur considère que, pour vivre nos mythes et nos espérances comme manifestations de la dynamique éthique du réel et de l'ossature de l'à-être qu'est l'amour, il nous faut puiser dans l'humain des énergies dont nous ferons nos raisons de vivre et de mourir. Et par ces raisons, nos mythes sociaux et nos espérances collectives elles-mêmes deviendront, pour nous, des raisons d'être et d'espérer. Kä Mana appelle « conversion éthico-mythique » cette opération par quoi l'humain devient la raison d'être et l'agent transformateur des mythes et des espérances en raisons de vivre et de mourir.

Comme toute société, le continent noir se trouve aujourd'hui devant cet impératif radical de se mesurer à l'aune de l'humain, à la mesure de l'amour, cette ossature du réel comme à-être. À cet égard, écrit Paul Ricœur, se ratifie

---

2 *Ivi*, p. 177.

le concept de l'humanité, prise, non au sens extensif ou énumératif de la somme des humains, mais au sens compréhensif ou principiel de ce qui rend digne de respect, qui et n'est pas autre chose que l'universalité considérée du point de vue de la pluralité des personnes.

II. La conversion éthico-mythique selon l'auteur

Dans ce paragraphe, l'auteur essaie d'appuyer ses réflexions ontologiques, anthropologiques et théologiques sur un fond éthique, pour entrer dans le concert des problèmes abordés concernant l'avenir négro-africain. Pour cela, il veut d'abord montrer que la Bible peut structurer d'une nouvelle façon la dynamique du problème éthique, qui est la question de l'imaginaire social négro-africain. Ensuite, il réfléchit sur l'horizon de sens et d'action qui conditionne nos mythes sociaux et nos espérances collectives à demeurer dans la proximité de la mesure de l'humain, horizon qui devient un enjeu concret et une puissance novatrice.

Parlant premièrement de l'éthique comme enjeu pour notre imaginaire social, Kä Mana considère nos mythes et nos espérances collectives comme des aspirations purement humaines, dont l'intelligence éthique de leurs significations ne nécessite pas la mise en jeu d'une lecture théologique ni mieux d'une perspective biblique. Mais alors, quelle nouveauté la considération théologico-éthique apporte-t-elle à nos mythes ? La perspective d'une réflexion fondamentale qui rend explicites et clairement articulées les suppositions préalables et utiles de notre imaginaire produisant ses mythes, ses espérances et ses utopies comme des actes de refus d'un certain monde, d'un certain état pour le projet d'une vie autre dans un monde autre et meilleur. En effet, pour accomplir ses utopies, l'Afrique doit prendre appui sur une parole qui la met en question et qu'elle met en question, une parole structurée par une vision éthique du réel et ayant pour méthode éthique de vivre dans la *« cosmossémie »*.[3] Seule la révélation biblique regorge d'une telle richesse.

> *« Qu'on nous comprenne bien. Nous ne disons pas : le christianisme en tant que contenu dogmatique est la seule voie pour sortir de la crise. Ce serait une prétention idéologique inconsciente. Nous disons plutôt : le cadre d'utopisme que représente l'éthique du christianisme, c'est-à-dire sa technique de l'humain, éveille en nous la meilleure conscience pour des changements en profondeur dans l'Afrique d'aujourd'hui. »*[4]

Au lieu de chercher le sens de cette citation, le primat doit être plutôt accordé à assumer son contenu. Avec elle, la réalité est vue dans sa véracité, à savoir un monde à être, un monde à faire être l'humain, ou l'exigence éthique de vivre ce monde à la manière d'un tissu d'amour. Un nouveau rapport aux êtres est inauguré avec ce nouveau regard sur la réalité, le rapport éthique consistant à tout considérer dans la signification ultime de l'humain qui est la sémantique et la *praxis* des nouveaux cieux et d'une nouvelle terre.

Parlant ensuite de l'horizon de sens et d'action qui conditionne notre imaginaire à rester dans la proximité de la mesure de l'humain, notre auteur considère que le monde à-être peut être articulé conceptuellement autour de Dieu, du Christ, de l'Esprit et de l'Église ; quatre pôles d'une éthique fondamentale.

---

3 MABIKA J. N., *Cours de métaphysique générale,* Université de Lubumbashi, 1990.

4 KÄ MANA, *Théologie africaine pour temps de crise, Christianisme et reconstruction de l'Afrique,* Karthala, Paris, 1993, p. 127.

Articulé premièrement autour de Dieu à qui nous devons redonner sa place au cœur de l'humanité[5], ce monde à-être est le projet éthique de la création qui se fait dans la permanence d'exigences de novation conduisant tout le réel vers la plénitude des nouveaux cieux et d'une nouvelle terre où l'amour fonde l'ordre des choses. Ayant créé le monde par sa parole, Dieu confie cette dernière à l'homme comme exigence éthique dans son rapport avec ce monde. Cette parole devient alors lieu d'humanisation et le monde à-être dépendra toujours de notre confiance en elle. Voyons-le bien : notre rapport à cette parole cesse d'être d'ordre mythique et devient d'ordre technique. L'homme créé est donc une réalité dans le projet fondamental de l'amour où Dieu créateur crée l'homme créateur à son tour ; c'est-à-dire que l'homme doit accéder à l'humain et conduire le réel à la plénitude de la promesse de Dieu. C'est ce que nous dit Kä Mana : *« Ainsi, l'amour est la technique même de l'humain, le principe de novation des choses selon la méthode que Dieu, par la promesse, enseigne. »*[6]

Sur la base de cette vérité, relisons la condition négro-africaine avec les lunettes d'une théologie éthique, la révélation biblique nous ouvrant à l'éventualité d'une restructuration de notre imaginaire social. Dans cette optique, Dieu sera le « Tu » dont l'amour dynamisera autrement la société africaine. Dieu sera l'absolu avec qui le Négro-Africain demeurera en relations cruciales qui le mettront en jeu, afin que la réalité coïncide avec le projet divin de plénitude. Ainsi donc, les mythes sociaux du continent noir, au lieu d'être des processus de sécurisation mythique, seront transformés en recherche de méthode, en technique transformatrice du réel. Dieu pose ainsi le réel comme amour et, en tant qu'amour, notre être même.

---

5 KÄ MANA, « Regards sur les temps actuels : Les droits de Dieu », in *Zaïre-Afrique,* n° 153, Kinshasa, mars 1981, p. 87.

6 KÄ MANA, *L'Afrique va-t-elle mourir ?*, p. 185.

L'amour est donc principe de création, principe de liberté, principe de promesse et principe de responsabilité.

Articulé en deuxième lieu autour du Christ, ce monde à-être est novateur éthique de l'homme par l'humain. En effet, Dieu qui est cet Amour-principe illustré ci-dessus, nous a donné sa mesure réelle et sa méthode : Jésus-Christ, parole faite chair et structure de toute chair pour le projet de Dieu. Du moment que la parole s'est faite chair, l'amour peut s'incarner en toute personne pour devenir sa mesure éthique. La rencontre intérieure avec le Christ, avec l'amour, transforme fondamentalement l'homme et brise toutes les barrières ségrégationnistes. C'est l'inauguration de la transformation des structures socio-culturelles avec ordination de l'homme au projet de Dieu, soit la mise en transcendance vers l'humain, énergie de réconciliation pour un *à-être ensemble* créateur.

Le Christ est donc l'être-éthique dans le concret, *hic et nunc*. En lui, l'homme se libère pour atteindre l'amour, sa véritable stature d'humain. Les relations que l'homme a avec le monde et tous les réels deviennent médiatisées par le Christ, car en lui seul se trouve la puissance d'amour qui fait de lui la mesure de toute chose. C'est lui donc qui devient la technique d'humanisation qui insécurise et responsabilise en remettant en question les consciences. C'est aussi par lui que l'homme doit être dans le monde un créateur de monde, un crucifié par l'humain. Sur la croix, en effet, la violence se détruit en tant que structure du monde pour laisser place à l'amour en tant que production du monde nouveau. Avec la résurrection, possibilité offerte à l'homme par son créateur de pouvoir tout recommencer à nouveau, une nouvelle figure humaine commence. Le monde dispose, en effet, avec l'exaltation du Christ au ciel, de la méthode de sa propre novation à savoir : mourir à la violence destructrice pour ressusciter à l'amour créateur de culture. Avec le Christ, l'être devient une question de sens et non d'essence, car c'est dans le Christ que l'amour, essence du réel, prend sens.

En troisième position, donnant l'esprit au monde par le Christ et le faisant habiter en l'homme tout en lui conférant une part de la responsabilité dans une existence d'amour, Dieu est l'essence de l'homme. Mais il ne faut pas se tromper, c'est l'homme qui est au service du désir de l'esprit et non pas l'inverse, un désir de novation de la face de la terre. Cet esprit peut être défini comme *« le pouvoir de Dieu sur la substance humaine, le pouvoir de novation des relations sociales et du tissu même du monde qui doit coïncider avec le projet de Dieu, c'est-à-dire la mise en transcendance de l'homme vers l'humain, vers le principe eschatologique d'avènement des nouveaux cieux et d'une nouvelle terre... »*[7]

C'est ainsi qu'en quatrième position, il y a lieu de constater que l'esprit a pour expression première le rassemblement des hommes en une communauté de novation qu'il faut nommer l'Église. Cette dernière est principe novateur de l'éthique dans le monde, une espèce de concrétisation, de réalisation et d'expérimentation de la dynamique novatrice du monde. C'est à l'aune du projet de Dieu que l'amour mesure la culture, la politique, l'économie, la vie sociale ; bref, tout l'imaginaire humain, là où l'Église agit en tant que telle. Cette Église, au lieu de se réduire en un organisme de secourisme social, doit être d'abord le lieu de la proclamation de l'amour, puissance novatrice, et du témoignage créateur matérialisant l'amour *hic et nunc.*

Ces considérations de théologie éthique nous montrent que l'imaginaire social négro-africain, tel qu'analysé plus haut, est à mesurer à l'aune de l'amour et à entraîner dans un

---

[7] *Ivi*, p. 196.

déploiement de novation globale. Il a manqué à notre imaginaire en effet la dimension éthique globale dont le fondement est l'amour, cette technique d'humanisation du réel dans le projet divin. C'est en cela que se fonde l'urgence du passage du caractère mythologique de la structure de l'imaginaire social négro-africain à une éthique de l'humain, à un décentrement de soi vers l'autre. La Parole en est le point d'appui, mais dans sa dimension créatrice avec l'amour à faire être, et non dans son dogmatisme. Dans cette perspective de la théologie éthique, l'Église, ce principe de novation, doit assumer des réalisations dans le monde africain. Ces réalisations découlent de la Parole comme exigence et technique d'humanisation dans la structure de l'imaginaire de la promesse, comme nouvelle structure de l'imaginaire social négro-africain.

Cette promesse devient alors principe de structuration de grandes pratiques novatrices, à savoir la pratique créatrice qui implique la liberté ; la pratique économique et sociale par laquelle l'Église doit créer des emplois et, mieux encore, produire des richesses au sens global du thème, c'est-à-dire une richesse de créativité génératrice de novation sociale et de richesses économiques ; la pratique de changement de culture, c'est-à-dire d'abandon de l'imaginaire de l'identité pour la production de modalités existentielles qui soient à l'aune concrète de l'humain : penser, agir, lutter, espérer, – vivre et mourir.

III. Instance critique

Si nos mythes n'ont eu d'autres fonctions que de nous faire rêver monts et merveilles, c'est justement parce que nous les gardions en nous comme un précieux trésor que l'on ne veut pas perdre, oubliant que la crainte de perdre ce que l'on possède rend malheureux, comme le disait souvent Mère Térésa de Calcutta. Il a manqué aux Négro-Africains la dynamique de conversion de ces mythes en problèmes faisant réfléchir. C'est à cela que nous devons arriver aujourd'hui avec la démocratie. Et, pour éviter que cette dynamique de conversion ne soit, à son tour, un nouveau mythe, il faut qu'elle soit fondée sur la tension vers un être supérieur à concrétiser grâce à l'éthique de l'humain. Ici l'humain n'est pas à comprendre au sens de l'humanitaire ni de la philanthropie, mais en ce qu'il est : cette positivité qui nous fait ressembler au créateur et dont ce dernier dit après la création que c'était bon. C'est l'amour chrétien qui est la manifestation de cet humain en question et de sa méthode éthique. En effet, l'amour nous remet en question et nous interroge devant l'autre. Avec l'amour, il n'est plus question d'accuser l'autre, mais de remettre en jeu soi-même par le « Je » dans la prise en charge d'une conscience responsable envers le « Tu », dans un espace de vie plus humain de « l'humanité divine ».

CHAPITRE V

ENRICHISSEMENT DE LA PENSÉE DE KÄ MANA

Kä Mana nous est fascinant par sa manière d'analyser l'imaginaire négro-africain et son souci de comprendre les causes de la misère des Africains du Sud du Sahara, causes qu'il a voulu situer dans les tréfonds de l'homme, dans son imaginaire. Nous n'avons aucunement la prétention de vouloir proposer une nouvelle voie, mais seulement de suggérer de dépasser en les enrichissant des aspects mis en évidence par l'auteur. Son parcours trouve ses fondements dans la critique des mythes africains qui ne favorisent pas toujours le développement de l'imaginaire et dans la peur de heurter les mythes au risque de le froisser. L'auteur conclut sur un autre mythe : celui d'attribuer à Dieu et à son Église la responsabilité, le devoir de transformer le mythe en énergie de puissance et de compétence avec l'éthique de l'amour.

Nous avons tout de suite compris que l'auteur est chrétien et veut nous montrer le rôle que remplit la foi chrétienne dans le développement social. Ce qui, du reste, n'est pas un mal, comme l'argument est davantage centré sur des questions typiquement africaines, la foi chrétienne elle-même est une doctrine étrangère, même si ses principes sont universellement acceptables. Je crois cependant qu'il serait plus élogieux d'approfondir des éléments mythiques qui assujettissent encore l'être humain en Afrique.

Nous estimons quant à nous qu'il s'agit d'un cercle vicieux qui finit par attribuer au mythe de l'Église toute la responsabilité. L'Afrique, aujourd'hui, est le continent comptant le plus grand nombre de chrétiens. On constate que c'est aussi dans ces zones, où selon Ka-Mana le mythe devrait se transformer en éthique chrétienne, qu'ont lieu des atrocités, justement parce que le message n'est pas encore intégré. Comment peut-on expliquer d'un côté la prolifération des sectes et de l'autre l'augmentation du nombre d'enfants mal nourris ? Faut-il les attribuer à Dieu, à l'Occident, à d'autres causes ?

Quelle Afrique sans le christianisme, sans l'islam, sans le bouddhisme ? Bref, quelle serait l'Afrique sans l'Occident ? Le mal africain ne pourra pas se résoudre par le rejet de la responsabilité sur l'Occident, sur l'Église et sur Dieu.

On peut certainement parler du bien, de l'amour, de la paix, de la foi, de la justice, des droits de l'homme universels, du pardon, de la responsabilité sans aucune allusion à l'Église ou à la religion. Notre auteur, pour ne pas contredire ses profondes aspirations spirituelles, s'est obligé à dégager son parcours en fondant son éthique dans la doctrine chrétienne, ce qui affaiblit, selon moi, sa démarche si puissamment réfléchie. L'étude du mythe et de l'imaginaire ne devrait pas s'achever dans une éthique purement chrétienne, mais en redonnant aux Africains eux-mêmes plus de responsabilité, c'est-à-dire la clé des décisions pour qu'ils soient capables de transformer leur énergie en action. L'Africain est fondamentalement un être religieux. Même si sa religion est souvent teintée de syncrétisme.

Ainsi, pour élargir la pensée ka-manienne, je crois, comme l'avait si bien mis en relief Serge Latouche[1], qu'il y

---

[1] S. LATOUCHE, *Décoloniser l'imaginaire*, Lyon, Parangon/Vs, 2005.

a certainement un besoin urgent pour l'Africain de décoloniser son imaginaire. Nous allons proposer quelques pistes de réflexion, qui pourront toujours être modifiées.

I. Sauver l'Afrique de la dérive, reposer le problème

On ne le dira jamais assez, l'Afrique est en train de se transformer très rapidement. Cependant je crois qu'elle ne peut pas s'en enorgueillir, car jusqu'à maintenant, elle n'est pas l'actrice principale de son développement. Des gratte-ciel poussent ça et là comme des champignons, on voit partout des jeunes qui n'ont pas de quoi manger, mais qui manipulent presque tous le cellulaire, des étudiants qui tous veulent avoir un ordinateur. C'est là le génie de la mondialisation qui ne peut pas ne pas laisser de victimes.

Le savant chimiste Lavoisier l'avait bien dit : « rien ne se perd, rien ne se crée, tout se transforme ». À l'accroissement de l'économie occidentale correspond certainement quelque part une grande diminution. Pendant que l'Afrique se construit en ce troisième millénaire, les Africains assistent, inaugurent et applaudissent, sans jamais savoir le tenant et les aboutissants de ces constructions. Il y a presque partout en Afrique des entreprises succursales occidentales de grandes sociétés multinationales qui exploitent sans aucune règle, décidant de l'ouverture et de la fermeture d'une entreprise. Elles fixent le prix d'achat et de vente. Et ce en collaboration avec les quelques marionnettes au pouvoir.

Des aéroports sont pleins de « boss » chinois et aussi d'Indiens, mais ces derniers, quand ils se déplacent, n'ont pas besoin de la main-d'œuvre locale, car ils amènent leurs propres ouvriers. Pour ce qui est du mystère chinois et de certains travaux d'une certaine particularité, ils préfèrent les réaliser de nuit, à l'abri de tout le monde. Aussi, ne connaissant pas les mécanismes qui guident ces grandes structures, les Africains, pour n'importe quel besoin, si petit soit-il, doivent recourir de nouveau à la Chine ou à l'Occident. Des années, des siècles passent, mais qu'est-ce qui manque à l'Afrique pour dénouer ce blocage et repartir ?

Je ne veux pas être pessimiste, mais réaliste. Les Africains doivent redéfinir leurs mythes, dont celui de leur identité, et en être fiers. Leur première démarche est justement de reconnaître leur identité, c'est-à-dire puiser dans les mythes qui constituent leur imaginaire des valeurs réelles et, partant d'elles, se définir, non comme les autres veulent qu'ils soient, mais comme eux-mêmes trouvent qu'ils sont en harmonie avec l'humain, avec la nature et avec le divin. Dans ce dernier moment de notre étude, nous voulons nous détacher du langage mythique adapté aux seuls initiés pour parler vraiment et réellement de faits concrets et faciles à appréhender, même si ces faits nous ramènent toujours à notre imaginaire.

Pour y parvenir, j'aimerais mettre en évidence quelques aspects du problème.

II. L'éducation à la rationalité

Je crois c'est un grand défi pour l'avenir. Lors de sa réélection, le président Obama disait que ce qui fait de nous une grande puissance mondiale, ce ne sont pas nos armes, mais nos universités. « Éduquer à la rationalité » veut dire « développer la capacité de comprendre, de faire, de vouloir avec la tête et non par simple habitude ». Souvent, les Africains ne veulent ? pas comprendre en profondeur, et ils ne le font que superficiellement alors. Cela se vérifie même dans le travail qu'ils réalisent, il y manque souvent de la finesse, une volonté perfectionniste. La rationalité exige l'explication, l'éclaircissement, la recherche des vraies causes des problèmes, la justification des affirmations avec des nouvelles hypothèses. Elle est le refus de l'arbitraire. En bref, cela demande un travail d'approfondissement et non de superficiel.

Il convient de dépasser les « on dit », « il semble », « il se peut », de ne pas se limiter à une vision approximative des choses, comme le souligne Kevin Dessinga. Et en cela nos mythes ne nous favorisent nullement. Ils empêchent l'approfondissement d'un argument en l'entourant de mystères et parfois de faux mystères, qui paralysent le développement de l'imaginaire. En ce sens, les Africains pourraient devenir des acteurs principaux de leur développement, au lieu de le subir. Je partage l'idée de Donald Allan, quand il affirme que notre société est en train de subir de grandes transformations et mutations. Les institutions elles-mêmes se transforment de jour en jour. Il est presque impossible aujourd'hui d'attendre d'elles une stabilité durable. Pour ce faire, force est d'apprendre à les connaître, à les guider, et à gérer leurs transformations. Il importe donc d'acquérir une compréhension intégrale de ces institutions. En d'autres termes, nous devons devenir aptes non seulement à apprendre, pour faire face aux diverses situations et sollicitations, mais aussi à inventer et développer ces institutions pour qu'elles soient des systèmes comportant un apprentissage, c'est-à-dire capables de réaliser leur propre transformation[2].

Nous pensons donc qu'au mieux on ne peut passer des *on dit* à une affirmation de vérité, ce qui entraîne naturellement au manque d'intérêt dans l'écoute, à l'imprécision dans le discours, à l'à-peu-près dans le faire, au manque de modération dans le jugement. En outre, la rationalité veut donner un sens aux choses. Elle n'a rien à voir avec le snobisme et le sentimentalisme. Une chose est la sympathie,

---

2 D. ALLAN SHÒN, *Formare il professionista riflessivo*, trad. ita. Di David Capparucci, Franco Angeli, Milano, 2006, p.9.

mais une autre la compétence, et en Afrique on soutient souvent plus la tribu que le savoir-faire. La personne est jugée non par ce qu'elle est capable de réaliser, mais par ses origines. La reconnaissance objective de ce l'on est et de ce que sont les autres est le fruit d'un esprit critique.

Je voudrais dire que quand on parle d'une rationalité vraie et propre, il faut comprendre par là des règles précises, certaines et faciles, pour qu'il n'y ait personne qui puisse prendre ou considérer pour vrai ce qui est faux et vice-versa. Il convient d'impliquer la faculté d'intelligence pour arriver à des hypothèses vérifiables, c'est-à-dire être en mesure d'approcher autant que possible la vérité. Il faut donc, pour ce faire, purifier l'intelligence du népotisme, du racisme, du sentimentalisme et de tous les autres vices qui l'empêcherait d'être ce qu'elle est en soi. C'est ici qu'il convient de préciser que tous les phénomènes doivent passés au crible par raison. Les Africains ont tendance à renvoyer à une explication métaphysique les réalités qu'ils peuvent tranquillement justifier à la lumière de la raison pure et pratique. Et, facilement, l'intelligence se réfugie auprès de la superstition pour expliquer les phénomènes, même les plus simples.

Il faudrait que les Africains apprennent qu'à une demande sociale revient effectivement une réponse sociale, à une demande politique une réponse politique, à une question métaphysique une réponse métaphysique. Aussi est-il vraiment absurde que devant des problématiques physiques, politiques, sociales et mathématiques, les Africains débouchent souvent vers une réponse métaphysique.

III. L'importance de la femme et son rôle dans le mythe africain

Un petit poème swahili pour la femme africaine
MUKE MWEMA Africana

« Muke mwema Munyonge Africana
Uzuri wako utawala ulimwengu
Umeonekana kuwa msabiti kijana
Kiumbe safi upemdelewa na Mungu

Ali kuumba Mwenyi enzi kwa Furaha
Kama ndege za anga akikupamba
Ili weendelee kuishi na rahaa
Katika wiumbe uoneshe njia mwembamba

Mashariki Umepewa uzazi katita kifua
Maisha yako ushaidi wa towa
Siri wa tshunga kama mauwa
Ili Dunia dunia nzima upate ku okowa

Eshima yako ni kulinda kamili
Mbele za watu na pia malaika
Uzuri ambao ulivyo pamba mwili
Uki utunza salama hakika

Mikono zako zime jaa mistali
Umejitowa usiku bila usingizi
Ili watoto mutshana wa kunye asali
Kwa jasu ya mateso bila pumuzi

Muke Musafi mwesi Maskini
Watoto wako watshanga Africa
afia kawaida waki kosa mwilini
porini shambani uvuna vitica »

Le mythe de Mbeggan Nduur qui fonde l'émergence du pouvoir politique au Saalum, un des royaumes *seereer* du Sénégal, accorde une place non négligeable à la femme, qui y joue des rôles assez importants aussi bien dans la transmission des valeurs du groupe, dans l'émergence et la transmission du pouvoir politique, que dans la stabilisation et l'élargissement des bases sociales et territoriales du royaume. Certes, ce sont les circonstances et le contexte de l'émergence de ce pouvoir politique qui placent la femme au cœur du dispositif institutionnel, mais celle-ci ira au-delà d'une simple implication pour les hommes, pour parvenir à une participation politique qui lui fera jouer des rôles de premier ordre.[3]

J'aimerais donner une importance particulière à cet aspect. Dans beaucoup de pays en Afrique subsaharienne et au Moyen-Orient, le rôle de la femme est relégué souvent à la maternité. La femme est considérée comme une propriété privée de l'homme. Elle n'a pas de droits. Et cela se manifeste souvent quand l'homme meurt, laissant la femme seul. Les diverses traditions donnent alors toute l'autorité aux frères du mari.

En principe, l'idée traditionnelle était d'abord celle de faire suppléer la famille du défunt frère par ses propres frères, parce que pour beaucoup d'Africains avoir beaucoup d'enfants était une bénédiction. Il s'agissait aussi de décourager l'idée de faire du mal à son mari pour s'en débarrasser. Ainsi, en l'absence du père de famille, ce sont ses frères qui devaient prendre des décisions. Même là, les Africains ont réussi à revêtir de mythes toute la situation pour justifier leur égoïsme. Par exemple, dans certaines cultures, après la mort du mari, les membres de la famille du

---

3 S. MBAYE, *La femme dans le mythe de Mbegaan Nduur*, cité in http://ethiopiques.refer.sn/spip.php?page=imprimer-article&id_article=1819, 07/06/2016. 15 : 54

défunt doivent laver la veuve, faute de quoi elle aura toujours derrière elle l'esprit de mort de son mari. Et ce mythe encore en acte aujourd'hui est appliqué dans beaucoup de cultures africaines. Petit à petit, au lieu de constituer un élément de solidarité, il est devenu un instrument d'exploitation de la femme par les membres de la famille de son mari. Dans une famille de dix enfants, si le dernier est l'unique garçon parmi les neuf filles, le père est capable de toutes les sacrifier pour ne faire étudier que l'unique petit garçon, même si ce dernier n'est pas du tout intelligent.

Il y a beaucoup à dire sur cet argument, mais je voudrais prendre en considération ce qu'avait souligné le philosophe anglais John Smill, quand il précisait justement que *« le degré de l'évolution d'une société dépend de la place faite à la femme dans cette société »*.[4] Je suis certain que cette affirmation peut heurter certaines consciences mal habituées à voir la femme sujet de l'homme et non épine dorsale de la famille et même de l'économie nationale. J'aimerais donc accorder une attention particulière à cet argument, dans le souci de vouloir faire comprendre que les Africains doivent délier la femme du poids traditionnel qui la maintient en soumission. La cause de cette exploitation s'explique justement par des structures qui maintiennent l'exploitée sans information ni formation. C'est qu'il est difficile d'affronter un argument quand, au préalable, cet argument est ignoré de la mémoire.

---

[4] J. SMILL, cité par Théodore Nicoué Gaibor, *Cinquante ans d'indépendance en Afrique subsaharienne et au Togo*, Paris, L'Harmattan, 2012, p.260.

IV. Sauver la femme de l'ignorance

Il est vraiment encourageant de constater que la pression internationale a induit chez les chefs d'État et dans les gouvernements africains une conscience collective sur le rôle que doit assumer la femme au sein de la société. Cependant, je crois que le plus grand travail doit partir des femmes elles-mêmes. Elles doivent se rendre compte du poids traditionnel que depuis des siècles elles portent sur leurs épaules jusqu'à le considérer comme une grâce.

En effet, l'Union africaine (UA) a donné l'exemple, en adoptant le principe de la parité. La déclaration solennelle sur l'égalité entre les hommes et les femmes en Afrique fut justement adoptée en 2004 à Addis-Abeba et approuvée à Khartoum. Ce texte comprend 13 engagements portants sur la violence à l'égard des femmes ; le principe de parité entre les hommes et les femmes, les droits des femmes : droits à la terre, à la propriété foncière et à l'héritage, à l'éducation, au fonds d'affectation pour les femmes, etc.

Diverses lois sont perçues généralement au Togo comme des instruments de progrès, des mesures incitatives ou dissuasives susceptibles de garantir et de protéger les devoirs, les droits et les libertés des citoyens sans discrimination.

- L'article 11 de la constitution (1992), par exemple, stipule que nul ne peut être défavorisé ou désavantagé en raison de son origine ;

- le Code de la santé réglemente de façon protectrice les droits des citoyens en matière de santé de la reproduction. La loi n° 2007-005 du 10 janvier 2007 de la santé de la reproduction dispose en son article 11 al. 2 qu'aucune femme, pour des raisons liée à la sexualité et à la reproduction, ne doit être soumise à la torture, à la contrainte et ou à des violences telles que le viol, les mutilations génitales féminines, les mariages forcés et/ou précoces, les grossesses précoces, les grossesses non désirées, et/ou rapprochées, l'exploitation sexuelle, les sévices sexuelles, le harcèlement et toutes autres formes de violences ;

- la loi n° 2005-12 du 14 décembre 2005 protège les personnes en matière de VIH/Sida. L'article 46 autorise la femme à refuser des rapports sexuels non protégés même dans le couple légalement marié.

En effet, il faut oser le dire, il existe indéniablement en Afrique subsaharienne – acquise de haute lutte – une grande avancée contre l'exploitation de la femme, mais parfois cette lutte reste lettre morte par l'ignorance de la femme elle-même qui est censée connaître la loi. Le passage de la lettre à la concrétisation de fait crée encore de grandes difficultés. Voilà pourquoi nous avons tenu à bien spécifier le concept d'ignorance au début de cet effort de réflexion. La grande cause de la misère en Afrique, c'est sans nul doute l'ignorance, soutenue par des structures scolaires qui entretiennent des contenus obsolètes par rapport aux questions pertinentes de la société. Nous estimons donc que le temps et un travail pédagogique de conscientisation sont des paramètres de cette équation engagée dans un véritable virage paradigmatique.

C'est peut-être le moment d'affronter, en passant, la dynamique de « genre », argument qui selon moi, a été mal présenté par certains comme étant l'élimination des sexes en Occident. Traduite en anglais, *gender*, l'approche du *genre* a émergé au début des années 1990 dans le processus du développement. Elle prend le contrepied de l'IFD et de la FED en proposant une lecture transversale de ce développement. L'approche du *genre* est une approche relationnelle et holistique : elle vise l'équité entre les hommes et les femmes, leurs droits et chances égalitaires en termes d'accès aux ressources stratégiques (éducation, emploi, revenus, gestion de la chose publique).

Selon l'URD (1999), *« les informations d'ordre social, culturel et religieux se transmettent essentiellement par l'éducation des enfants dans le milieu familial d'abord, puis à l'école en cas de scolarisation et par les diverses structures sociales informelles ou non auxquelles les enfants et les jeunes vont participer. Les attitudes et les comportements des genres sont donc appris et peuvent êtres modifiés.*

En 2014, une grande discussion s'était élevée en Occident, et plus particulièrement en Italie, sur cette question du genre. Selon moi, la question était mal posée. Les prémisses sont très claires, elles veulent justement enrichir le rapport interpersonnel en sauvegardant la dignité de chacun. Malheureusement, comme on peut le voir, la discussion s'est plutôt déplacée sur la modification des sexes. L'école, qui devrait s'occuper de donner une orientation aux enfants, commençait elle-même à être l'instrument de confusion. Certains parents se sont déversés sur les enfants pour vouloir leur inculquer l'idée selon laquelle on ne naît pas avec un sexe, on le choisit.

Nous sommes tous égaux devant la loi, mais nous sommes pas tous identiques, nous sommes naturellement différents. La pure nature des animaux peut encore nous être utile pour comprendre que c'est un fait naturel. Ce fait constitue pour les êtres vivants cette richesse : la diversité.

Je crois quant à moi, que l'important n'est pas de faire voir à l'enfant qu'il n'a pas de sexe et qu'il doit le choisir, mais plutôt que tout en étant ce qu'il est, il a les mêmes droits et les mêmes devoirs que tous les autres. Je crois aussi que les adultes qui s'acharnent à utiliser les enfants comme matériel didactique devraient prendre plus de temps pour les écouter, afin de savoir de quoi ils ont réellement besoin.

Comme on le voit, la question telle qu'elle est posée, visant à rappeler l'importance de la dignité et de l'égalité de tous, a été détournée et presque vidée de son contenu. Voilà pourquoi il est important que l'on donne à chaque individu la possibilité de se former.

Selon un vieil adage chinois, « *les femmes portent la moitié du ciel* ». La démarche organisationnelle du *genre* n'est pas neutre, précise Nicoué. Changer les règles du jeu suppose la mise en valeur de deux concepts novateurs : l'intégration transversale (*gendermain streaming*) dans les secteurs-clés du développement et le renforcement du pouvoir et de l'habilitation des femmes *(Empowerment*). Du reste, Julien Amegandjin (2001), expert de la FAO, rend compte de la portée heuristique de l'approche dans *Genre et développement : un cadre d'analyse pour l'action.* Il cherche à comprendre de quelle façon les spécificités hommes/femmes entravent ou facilitent les efforts pour promouvoir une croissance économique durable. (...) il recherche une participation égale entre les hommes et les femmes dans la prise de décision et la détermination collective du mode de développement (...) en éliminant les disparités et en faisant profit des similitudes et avantages spécifiques de chaque catégorie sociale.

Je crois que les femmes africaines, qui ont de grandes capacités, doivent avoir le courage de dire « Non » à certaines formes traditionnelles qui les maintiennent soumises sous la violence des hommes, même silencieuse. Les femmes doivent apprendre à se délivrer de la barbarie masculine, non pas pour créer une forme de barbarie féminine, mais pour créer un monde plus beau.

Et, selon moi, la pratique de la dot en Afrique, au moins pour le cas spécifique du Congo, est encore une forme de violence exercée sur la femme. Pour être bref, en Afrique, quand les conjoints s'épousent sous contrat, c'est l'homme qui prend en charge toute la responsabilité de la dot. Souvent certains articles concernent la mère, certains le père de l'épouse. Mais cet idéal traditionnel a été détourné par la dureté humaine qui, par avidité, se mit à taxer la main de la fille comme si c'était une marchandise. Cette habitude malsaine s'est installée dans la tradition africaine, raison pour laquelle les parents n'accordent pas beaucoup d'importance à leur fille. Je crois qu'il faudra commencer par démanteler ces formes coutumières, qui réduisent la femme à une simple marchandise, en votant de nouvelles formes de lois où le mariage devra être conçu comme participation des parents des deux conjoints et des amis pour la création de la nouvelle famille. Car souvent, les parents modernes ont pris l'habitude d'imposer en argent la dot de leur fille, pour disparaître tout juste après l'avoir perçue. Là encore il faut parler d'une responsabilité participative où, dans le mariage, l'homme n'achète pas la femme, mais les deux époux s'unissent ensemble tandis que leurs parents se cotisent pour préparer l'installation de la nouvelle famille. Les Africains retrouveraient ainsi le sens originaire de la solidarité qui avait caractérisé la société traditionnelle. L'émancipation de la femme présente de nombreux aspects que nous pensons aborder dans nos prochaines publications.

V. Le sens du risque mal orienté

Le risque, c'est la possibilité de prendre une décision, de poser des actions qui peuvent avoir des conséquences dangereuses ou mêmes négatives en face de circonstances qui ne sont pas toujours prévues. Quand le risque réussit, il donne souvent des résultats hors du commun. En fait le risque au sens large se présente comme un danger éventuel plus ou moins prévisible et Paul Valadier y voit quelques ambiguïtés. Ce caractère équivoque du risque découle du fait que l'homme, même inconsciemment, est obligé de vivre en conformité avec un rôle. Par conséquent, la tendance est justement celle de vouloir se comporter comme tout le monde, autrement dit de manière anonyme. Et quand ce rôle n'est plus un prétexte sur lequel on peut s'appuyer, l'homme se voit contraint de recourir à une instance supérieure : celle du risque où il devient le seul agent de sa liberté et parfois même de celle des autres.

> « *Quand les signes de l'action ne vont plus de soi, quand la moralité ne dit pas ce qu'il faut socialement et éthiquement faire, quand l'honnêteté est trop courte, l'individu est renvoyé à lui-même comme sujet moral qui doit prendre sur lui de décider* ».[5]

Il faut noter que le risque se présente comme l'occasion d'une haute rationalité, complexe et exigeante, qui part d'une crise de contradictions avec ce qui est humain. Lorsque quelqu'un s'engage dans le processus du risque pour la restauration de la dignité humaine, le chemin n'est souvent pas facile, comme le notait bien Helder Camara : « *que celui qui s'arrache à lui-même et part comme pèlerin de la justice et de la paix s'apprête à affronter les déserts*[6]. »

On ne saurait parler de risque sans évoquer les manifestations et le participant anonyme de Tianan'men. Les manifestations se déroulèrent entre le 15 avril 1989 et le 4 juin 1989 sur la place Tian'anmen à Pékin, capitale de la République populaire de Chine. Elles se conclurent par une vague de répression, parfois nommée « massacre de la place Tian'anmen ». Elles prirent la forme d'un mouvement d'étudiants, d'intellectuels et d'ouvriers chinois qui dénonçaient la corruption et demandaient des réformes politiques démocratiques. La contestation s'étendit à la plupart des grandes villes, comme Shanghai, et aboutit à Pékin en une série de grandes manifestations et de grèves de

---

5 P. VALADIER, *Des repères pour agir*, Paris Desclée, 1989, p.9.
6 C DOM HELDER., *Le désert est fertile*, Paris, Desclée, 1971, p.41.

la faim organisées sur la place Tian'anmen. Après plusieurs tentatives de négociation, le gouvernement chinois instaura la loi martiale le 20 mai 1989 et fit intervenir l'armée le 4 juin 1989.

La répression du mouvement provoqua un grand nombre de victimes civiles (de quelques centaines à quelques milliers, selon les sources) et de nombreuses arrestations dans les mois qui suivirent. Plusieurs dirigeants politiques favorables au mouvement furent limogés et placés en résidence surveillée, notamment le secrétaire général du Parti communiste chinois, Zhao Ziyang. Par la suite, un coup d'arrêt durable fut porté aux réformes politiques en République populaire de Chine. Le gouvernement expulsa les journalistes étrangers et contrôla strictement la couverture de l'événement par la presse chinoise. À l'étranger, la répression provoqua une condamnation générale du gouvernement chinois.

L'Homme de Tian'anmen, *Tank man* (l'« Homme au tank ») ou encore *The Unknown Protester* (« Le Manifestant inconnu ») est le surnom de l'homme resté anonyme, mais mondialement célèbre, qui fut filmé et photographié alors qu'il s'efforçait de bloquer symboliquement la progression d'une colonne d'au moins dix-sept chars type 59 de l'Armée populaire de libération, lors des manifestations de la place Tian'anmen en 1989, en République populaire de Chine. La photographie de la scène, prise par Jeff Widener de l'Associated Press, a fait la Une de nombreux journaux et magazines à l'époque.

Le monde entier fut frappé par la scène de ce char tentant vainement de contourner l'inconnu. L'image de l'événement est couramment utilisée pour symboliser le courage et la force de la non-violence face à la répression armée.[7]

---

[7] *https : //fr. wikipedia. org/wiki/Homme_de_Tian'anmen*

Le système pour mater la justice et la démocratie est tellement fort que, lorsque les Africains seront capables de dire non à la violence psychique et morale qu'insinuent leurs gouvernements tyranniques, je crois qu'elle sera la plus forte des démocraties du monde. L'arme est impuissante devant les yeux de l'homme innocent et conscient. Même quand elle tue le corps, l'arme ne peut pas tuer la profondeur que percent les yeux de qui réclame sa liberté. Il faut apprendre à dire non quand on est conscient que ce qui se décide ou se vit concourt à l'écrasement et l'anéantissement de tout ce qui vit et respire. Mourir debout serait plus digne d'éloge que vivre à genoux.

À l'esprit de risque il faut ajouter l'esprit d'équipe. Le manque d'esprit d'équipe se décèle clairement dans le domaine politique. C'est le chacun pour soi, avec ses propres intérêts et personne pour s'occuper du bien du peuple. Or, c'est là la plus grande pauvreté. Quand nos gouvernants s'associent, malheureusement c'est souvent pour nuire. Les gouvernants africains sont souvent les plus riches, mais les gardes qui les entourent sont pauvres et humiliés. Il est vraiment étonnant que le ministre empoche cent mille dollars par jour – ce qui peut sembler inventé alors qu'il s'agit pourtant d'un fait réel, – tandis que le policier de sa garde touche à peine quatre-vingt-dix dollars par mois, et seulement s'il y en a.

Lorsque quelqu'un ose élever la voix pour défendre le droit, il devient par là même un ennemi à abattre, un témoin gênant. Au Burkina-Faso, Thomas Sankara fut assassiné en 1987 par ses proches eux-mêmes. En République Démocratique du Congo, Laurent Désiré Kabila a eu droit lui aussi au même sort, toujours avec la complicité de ses compatriotes. Durant la destruction de la Lybie par l'OTAN, aucun président africain n'a osé hausser la voix. Tous avaient peur. Et le soir du 20 novembre 2011, tous murmuraient.

Le manque d'esprit de risque fait que certains veulent triompher sans se battre, gagner sans transpirer, manger sans travailler. En bref, souligne Kevin Dessinga, certains se contentent de vaincre sans aucun sacrifice, et d'autres se contentent de triompher sans gloire[8].

VI. Il faut une éducation à la démocratie

L'ancienne considération d'Aristote selon laquelle « *l'homme est naturellement politique* »[9], si d'une part elle peut être considérée comme une idée de soutien et de motivation d'une intervention éducative dans la prospective politique, elle peut, d'autre part, être justifiée par une certaine forme d'évasion et de désengagement. L'expression « *naturellement* » peut être interprétée très rapidement comme une sorte de condition naturelle et spontanée qui ne demande aucune intervention précise, là où, au contraire, cette dernière veut justifier quelque chose d'intimement lié à la réalité humaine et qui n'a aucunement besoin d'une certaine éducation ou d'une certaine formation dont la transmission se passe d'une génération à l'autre par le biais des groupes sociaux.

En substance, il faut considérer que l'activité politique est par sa nature, appelée à fonder et à gérer la « polis », non pas la cité en tant que cité, mais la cité pour l'homme, une cité construite à mesure d'homme, là où la personne est en même temps terme *a quo* et terme *ad quem*[10]. Petrilli, à titre d'exemple, cite Monticone qui avait défini l'action politique en recourant à l'individualisation des quatre devoirs qui

---

8 K. DESSINGA, *Cosa manca all'Africa*, p.40.

9 Cfr. ARISTOTE, *La politica*, tr.it., UTET, Torino, 1966.

10 Cfr. G. LAZZATI, *Formatione politica per la società a servizio dell'uomo*, in AA.VV., *Giovani e politica*, Ed. del Rezzara, Vicenza, 1985, pp.74-77.

caractérisent la politique *« le premier, c'est l'orientation des valeurs humaines communautaires dans une connivence qui les porte vers leur plénitude ; le second, la réalisation de la liberté des personnes dans la communauté ; le troisième, c'est la paix ; le quatrième, c'est une politique qui sait se faire plus proche de tous. De ce devoir dépendent certaines coutumes* ***vertueuses*** [la traduction de *virtuosi* dans le titre italien est-elle correcte ?] : *connaître et choisir, intervenir.* »[11]

Le grand problème, on ne le dira jamais assez, c'est l'ignorance. Les Africains ne connaissent pas souvent leurs droits, par rapport à l'Occident où le peuple est quand même protégé par les lois et les structures, même si beaucoup ne connaissent pas leurs droits, ou du moins pas en profondeur. Mais là n'est pas notre souci. C'est un fait qu'il est difficile de faire un choix quand on n'a pas de quoi choisir. Le premier grand combat pour l'agir politique efficace, c'est l'information. Les acteurs politiques savent bien qu'en tenant le peuple dans l'ignorance, ils ont gagné presque les trois-quarts de leur marché. L'ignorance est la gangrène la plus dangereuse : elle se combat par la formation.

Mettre en place un programme éducatif exige que l'on tienne compte des besoins et des aspirations à venir, d'autant plus que le monde qu'habiteront nos enfants sera en partie déterminé par le genre de monde pour lequel nous les éduquons. Il est clair que si les niveaux d'alphabétisation sont bas, nous devons développer une société plus instruite, donc éduquer dans ce but. Il devrait être tout aussi clair que si notre mode de vie démocratique doit être renforcé, alors il nous faut éduquer dans ce but. Étant donné que de nombreux pays de la région aspirent à une expansion des conditions de vie démocratiques, il semble approprié de s'interroger de manière générale sur les types de pratiques

---

[11] A. MONTICONE, *Valori e abiti virtuosi dell'agire politico.* Cité par Oronzo Petrelli, Educazione politica, Milela,1989, p.15.

pédagogiques susceptibles d'entretenir des démocraties plus prospères. L'analyse qui suit s'appuie sur des bases théoriques permettant de mettre au point des méthodes capables de réformer les programmes et de conceptualiser les fondements sociaux de l'enseignement et de l'apprentissage.

Dans la mesure où une société est véritablement démocratique, elle accorde une importance considérable aux réflexions et décisions d'individus et de groupes, dont l'accès à l'information est illimité, et qui jouissent d'une liberté d'expression et d'échange. À ce titre, les sociétés démocratiques doivent permettre aux individus et groupes de toutes sortes qu'animent des optiques et des intérêts divers, de discuter les uns avec les autres de manière productive des questions et problèmes sociaux. C'est là la manière démocratique de maintenir la cohérence sociale et d'adapter la société aux circonstances et aux changements. C'est là le procédé par lequel se manifestent les idéaux directeurs d'une société démocratique.

Je crois indispensable, en parlant de l'éducation à la démocratie en Afrique de faire recours à John Dewey.

Lorsqu'il énonce sa conception générale de la démocratie, John Dewey (1966 : 81-88) distingue deux critères qu'on peut aisément considérer comme les idéaux directeurs de toute société à vocation démocratique. Ils ont trait à la communauté des intérêts et à la liberté qui est à l'origine de la libre interaction. Le premier concerne la mesure dans laquelle une société exprime un large éventail d'intérêts enchevêtrés et vise à maximiser la satisfaction de ces intérêts plutôt que de répondre à un mince éventail d'intérêts économiques (ou autres), ou aux intérêts du moindre nombre. Le deuxième critère concerne le degré de libre interaction et de coopération entre les groupes, grâce auxquels s'élargissent les possibilités d'un développement socialement cohésif. Si l'on en croit Dewey (1966 : 87), ces deux traits constituent les caractéristiques de la société démocratiquement constituée, conviction à laquelle je me rallierai dans la présente discussion. Étant donné, comme le soutient Dewey, qu'ils sont décisifs en la matière, ces deux traits s'imposent comme les *desiderata* essentiels de toute société aspirant à la démocratie et ils constituent ensemble le critère de référence permettant d'établir dans quelle mesure une telle société a réalisé ses aspirations, ce qui revient à dire que ces deux traits doivent être incarnés dans ses idéaux directeurs.

Étant donné leur importance, je m'arrêterai sur ces deux idéaux. Une société démocratique n'est ni autoritaire ni hiérarchique : son orientation et sa politique sociale ne sont pas déterminées aux échelons supérieurs, pas plus que les décisions de ces derniers ne sont imposées à la base. Au contraire, toute sorte d'individus et de groupes sociaux contribuent activement à façonner la société et partagent la responsabilité des décisions et des actions lui permettant de progresser et de se développer. Ces efforts ne pourraient être ni cohérents ni durables si les individus n'étaient pas unis par ce que Dewey *(ibid.)* appelle « l'interpénétration » des intérêts. Pour fonctionner efficacement, les sociétés démocratiques nécessitent une forte présence de tissu conjonctif. Sans les ligaments sociaux fournis par l'interpénétration des intérêts, on ne pourrait demander aux individus et aux groupes d'adopter un comportement qui reflète et renforce les intérêts d'autrui.

On constate aisément la réciprocité des intérêts qui caractérise le mode de vie démocratique lorsque l'on compare la démocratie avec d'autres modes de gouvernement. Par exemple, les intérêts d'un peuple soumis à une puissance impériale ne coïncident pas forcément avec ceux de ses dominateurs, qui peuvent être impitoyablement déterminés à satisfaire leurs propres intérêts au mépris quasi total des intérêts de ceux qui leur sont soumis. De même, l'élite dirigeante d'un état oligarchique peut servir ses propres intérêts au détriment de ceux qui constituent la majeure partie de la société. De tels exemples contrastent non seulement avec la réciprocité des intérêts à laquelle tend la démocratie, mais concourent en outre à souligner le fait que les modes de vie démocratiques visent à maximiser la satisfaction des intérêts. Chaque fois que les intérêts d'une puissance étrangère foulent ceux d'une population soumise, ou qu'un oligarque sacrifie les intérêts du plus grand nombre pour satisfaire les siens, il en résulte un important déficit dans la balance des intérêts, ce qui conduit, en général, à la répression et au mépris chez les gouvernants, à la soumission ou à la révolte chez les gouvernés. À l'inverse, le fonctionnement efficace d'une société démocratique dépend de la réciprocité des relations. Il oblige différents groupes à se montrer respectueux des intérêts des uns et des autres et à s'adapter en conséquence. Une telle disposition tend à maximiser la satisfaction des intérêts.

La portée générale du second idéal de Dewey se laisse une fois encore aisément discerner lorsque l'on compare les sociétés démocratiques avec d'autres formes de gouvernement. Dans une société autoritaire, qu'elle soit régie par un dictateur fasciste ou dirigée par un régime militaire despotique, la liberté de réunion et de rassemblement est scrupuleusement réglementée, toute forme d'association considérée comme susceptible de menacer le pouvoir absolu du gouvernement étant rapidement interdite. À cela s'ajoute la limitation des débats publics et des échanges d'opinions menant à l'interdiction des assemblées publiques non autorisées et au contrôle des médias. Parallèlement, l'orchestration de gigantesques rassemblements publics et la formation d'associations officielles de tous genres comptent parmi les instruments caractéristiques du contrôle étatique.

Dans les sociétés hiérarchisées divisées selon des critères raciaux ou balisées par de rigides systèmes de castes ou de classes, vie économique et vie sociale ont tendance à fonctionner en parallèle. Des rapports de supériorité et d'asservissement opèrent entre les membres des différentes couches de la société et circonscrivent de manière très stricte leurs relations. Les limites imposées par la race, la caste ou la classe forment des obstacles au mode de vie démocratique qui compte parmi ses idéaux l'association sur un pied d'égalité. L'opposition entre démocratie et sociétés autoritaires est encore plus marquée par l'utilisation que font ces dernières de l'intimidation, de la force physique et des moyens de surveillance pour restreindre et réglementer les variétés d'association et pour limiter la communication et la libre circulation des idées.

On ne s'étonnera pas que les deux idéaux directeurs de la démocratie conçus par Dewey soient étroitement liés l'un à l'autre. Le développement d'intérêts réciproques va de pair avec une interaction plus large et plus libre ; parallèlement, on peut envisager que des relations établies sur un pied d'égalité mènent au respect accru d'intérêts divergents. Dewey était tout à fait conscient de l'étroitesse des liens entre ces deux idéaux, donc de leur relation avec l'idéal démocratique de liberté. La liberté, au sens de liberté positive, ce que Dewey appelle la « libération des capacités », est une conséquence significative de ces deux idéaux.

Je conclurai cette partie de ma communication par l'étude d'un passage au cours duquel Dewey (1966 : 87) associe ces trois idéaux sous l'étendard de la démocratie :

Une démocratie est plus qu'une forme de gouvernement ; elle est d'abord un mode de vie d'expériences communes et communiquées. L'extension dans l'espace du nombre des individus qui participent à une entreprise – de sorte que chacun doit rapporter son action à celle des autres et tenir compte de l'action des autres pour donner une direction à la sienne – équivaut à briser les barrières de classe, de race et de territoire national qui empêchaient les hommes de percevoir la portée entière de leur activité. Ces points de contact, plus nombreux et plus variés, dénotent une plus grande diversité des *stimuli* auxquels un individu doit réagir ; ils confèrent par conséquent une valeur particulière aux variations de son action. Ils assurent la libération des capacités qui restent inexprimées aussi longtemps que les incitations à l'action sont partielles, comme elles doivent l'être dans un groupe qui, parce qu'il est fermé sur lui-même, limite délibérément le nombre de ses intérêts.

La démocratie selon Dewey est à la fois sociale et politique. Il ne s'agit pas uniquement d'une forme de gouvernement, mais d'un mode de vie. Selon lui, la démocratie est une forme inclusive de société au sein de laquelle la libre communication et la réciprocité invitent chacun à prendre part aux questions d'intérêt général. La démocratie parvient ainsi à établir des sphères d'association et d'intérêt mutuels qui réduisent les divisions sociales, élargissent le cercle du contact humain et facilitent l'adaptation des individus les uns aux autres. La participation et l'engagement accrus de tous à toute sorte de problèmes, la plus grande importance accordée à tout ce qui touche les individus, et les diverses approches, compétences et aptitudes ainsi mises en jeu, constituent de formidables libérateurs de potentiel humain. Une telle liberté constitue, comme l'explique ailleurs Dewey (1981 : 329), « *cette libération et cet épanouissement des potentialités individuelles qui ne se produisent que dans l'association répétée et fructueuse avec autrui* ». Une fois mis en pratique, les deux idéaux directeurs constitutifs de la démocratie assurent les moyens d'aviver la motivation individuelle. Ils nous offrent la possibilité de développer nos capacités. La vie au sein d'une société libre ne doit pas se concevoir uniquement en termes de ce qu'elle n'est pas – c'est-à-dire comme absence de certaines barrières et restrictions – mais comme une vie durant laquelle il nous est possible de réaliser pleinement notre potentiel. Là réside le sens fondamental de la société libre, si souvent présentée comme la promesse de la démocratie. Pour ne pas réduire celle-ci à un simple idéal, une société doit donc inclure les deux principes de Dewey au nombre de ses idéaux directeurs.

On arrive ainsi à la seconde partie de ma discussion. J'ai esquissé les idéaux directeurs de la démocratie afin de nous interroger sur les méthodes pédagogiques susceptibles d'aider à développer et nourrir ces modes de vie démocratiques. Il me revient maintenant d'examiner ce qui découle de ces remarques générales quant aux qualités personnelles que nous devons développer dans la manière d'aborder l'enseignement et l'apprentissage à l'école.

Si nous envisageons sérieusement l'idée d'éduquer à la démocratie, nous ne pouvons plus nous contenter d'enseigner à nos élèves et étudiants les différentes formes de gouvernements élus. Il est évident que les modes de vie démocratiques dépendent infiniment plus de l'attention et de la considération que s'accordent les individus et de leur disposition à communiquer d'une manière qui reflète les idéaux démocratiques. Tant qu'une société n'alimente pas ces dispositions, elle se risque à ne présenter rien de plus que les signes extérieurs de la démocratie. Il est trop facile pour une société de vanter sa démocratie parlementaire, alors qu'au même moment, nombre de ses membres sont opprimés ou exploités. Nous connaissons trop bien la tyrannie des ateliers clandestins et l'oppression des minorités au cœur d'États théoriquement démocratiques. Les individus exploités sur leur lieu de travail ou les membres des communautés ethniques qui subissent de graves discriminations ne vivent pas dans une société qu'on pourrait sérieusement qualifier de démocratique. Le fait qu'ils puissent voter périodiquement n'a pas de sens si leurs conditions de travail sont despotiques ou si leurs communautés ne peuvent coexister sur un pied d'égalité avec la majorité de la société. Il ne s'agit pas uniquement de questions de législation et d'interventions étatiques. Il s'agit aussi et surtout d'attitudes et de points de vue.

Les dispositions qui sous-tendent et soutiennent les modes de vie démocratiques mériteraient d'être plus profondément sondées : amplement étudiées, exposées que je ne peux le faire ici. Cela étant, même un survol rapide nous permet de juger que les qualités ci-dessous comptent au nombre des traits permettant de développer à la fois une solide communauté d'intérêts, et la propension à coopérer et interagir librement :

- un esprit ouvert et curieux, la volonté de considérer les choses à partir du point de vue d'autrui en prenant en compte les intérêts de cet autrui ;

- la propension à réagir aux différences et aux désaccords sur une base rationnelle, plutôt qu'en ayant recours à l'insulte ou à la force ;

- la tendance à être activement impliqué dans les questions qui affectent la communauté ;

- l'aptitude à penser par soi-même et à assumer la responsabilité de ses décisions et de ses actions.

Le développement d'un esprit ouvert et curieux protège du dogmatisme et des préjugés, deux des ennemis les plus destructeurs de l'interaction libre et égale entre différents individus ou groupes. Les personnes qui adoptent un comportement ouvert vis-à-vis de la société développent aussi une plus grande aptitude à réfléchir. Elles sont donc moins facilement manipulées par ceux que motivent certains intérêts et qui ont tendance à manquer de scrupules quant aux moyens de persuasion qu'ils utilisent. Lorsque les individus sont prédisposés à la manipulation médiatique et à la propagande politique, il est d'autant plus difficile d'établir une véritable communauté d'intérêts.

On peut le voir, la démocratie ne doit pas être liée à des manifestations sporadiques et ponctuelles de réclamation de la part du peuple dans la revendication de ses droits, elle doit être le style même de sa vie. Il faut bien voir qu'en Afrique, elle éprouve encore de grandes difficultés à s'établir solidement dans certaines régions. D'un côté, les tyrans dictateurs ne veulent pas quitter le pouvoir et continuent à violant les droits de l'homme. Ils s'entourent d'un pouvoir extrêmement autoritaire, matent les populations en les terrorisant par leurs milices privées, empêchent toute liberté d'expression, ont le monopole de la parole, prennent possession de tous les réseaux de communication et bloquent chaque manifestation libre de revendication. Pire encore, ils mettent en œuvre toutes les stratégies possibles pour semer la terreur en éliminant tous les opposants potentiels et pour maintenir ainsi la population dans l'ignorance.

Dans le cas de l'Afrique, la formation à la démocratie est urgente, et ce depuis les premières années de scolarisation jusqu'à l'université pour que cette démocratie soit assimilée et intégrée.

Je suis pleinement convaincu qu'en Afrique ce ne sont pas des leaders charismatiques qui manquent, mais des hommes de parole soucieux de la chose commune. La plupart des opportunistes utilisent leur pouvoir temporaire et leur règne absolu à laisser derrière eux des autoroutes maquillées du sang de leur violence.

On le voit, en effet, dans un pays où la démocratie est devenue stable, même la situation sociale en dépend. Les

Africains sont restés ou se sont rendus esclaves jusqu'à aimer les chaînes de leur esclavage. Aucun pays d'Afrique ne fabrique d'armes, mais chaque jour, des armes y font mourir. La jeunesse de ces pays est en train de se vider pour former de futurs esclaves d'un Occident en crise de natalité, et peut-être aussi leurs futurs patrons. Quand on évoque l'esprit démocratique, il faut donc préciser que l'occidentalisation de l'Afrique n'est pas nécessairement une voie de développement.

La liberté, l'égalité, la fraternité sont ces éléments qui fondent la souveraineté d'une nation. Le grand paradoxe d'une Afrique est qu'elle se construit, certes, sous forme de nation, mais qu'elle veut maintenir des structures traditionnelles pour mater le peuple. L'absence de lucidité et de réponse sérieuse aux interrogations posées est la tragédie des démocraties qui sont à la taille des goûts et des appétits des détenteurs du pouvoir. On assiste ainsi à des agitations pour le non-respect de la Constitution. On vit dans la démocratie avec des mandats à vie, mais la volonté de renouer avec ce que l'on a vomi comme traditionnel, le respect pour soi-même et pour le peuple.

VII. L'occidentalisation de l'Afrique un mythe, un salut, une utopie

Les déplacements démographiques actuels du Moyen-Orient et de l'Afrique sont le fruit d'une image erronée que les Africains ont de l'Europe, à partir de films où se voient des gens biens vêtus, des déplacements de grands présidents autoritairement respectés et adorés, images d'adolescents heureux qui passent leur vie le long des plages, de jeunes qui passent leurs dimanches à regarder les matches et font le tour du monde à vélo. Cette image n'est pas toujours vraie parce qu'elle cache la réalité véritable qui maintient la grande structure présentée. Beaucoup de jeunes travaillent nuit et jour sans aucun contrat, d'autres moins capables sont recommandés, eux, parce que leur parents occupent un poste privilégié. Des policiers travaillent à leurs risques et périls pour le compte de joueurs et de politiciens. Cette image de la souffrance en Occident n'est pas présentée et pourtant elle constitue un élément capital de la vie du peuple, dont font partie ces jeunes qui travaillent nuit et jour et doivent à la fin tout donner à l'État.

Je suis toujours réticent à l'idée de faire croire au monde que la vie est une fête sans fin, idée qui porte certains parents à cacher la douleur et la souffrance des grands-parents à leurs enfants, idée d'un monde toujours à l'avant-garde, monde pourtant tout en rouge parce que construit et point avec le sang des pauvres.

Peut-être qu'avoir le vrai courage de regarder la vérité en face et de la présenter aurait sauvé l'image que l'Occident a toujours voulu montrer au monde. Pour sauver l'Afrique de son exode, je crois qu'il faut commencer par présenter l'histoire réelle de l'Occident et tout ce qu'elle implique. L'illusion d'un monde parfait fait rêver ceux qui souffrent l'espérance d'un paradis sans effort.

À la recherche de ce bonheur imaginaire construit par les *mass media*, les Africains, et bien d'autres habitants de pays qui souffrent de la violence des armes et de la soif de ceux qui se font la guerre technologique, font ce grand voyage périlleux et mortel sur la mer. C'est ça, l'Europe, s'exclame un jeune Pakistanais, sur la plage de Lampedusa. Ils sont venus chez nous, ils ont tout pris et tout bombardé et quand nous venons chez eux, ils ne nous acceptent pas. Je comprends pourquoi l'homme est compliqué. Après avoir mangé, il ne supporte pas l'odeur de sa poubelle ou de ses déchets. Et s'il ne prend pas soin de sa poubelle, elle créera d'autres bêtes nuisibles à sa propre vie et à son histoire.

Tandis que s'il gère bien sa poubelle, une fois convertie, elle pourra devenir une richesse qui pourra le nourrir, lui et toute sa famille.

François Marie Kayij considère comme une erreur grave de jugement cette expression : « il faut occidentaliser l'Afrique ». Il est bien conscient et reconnaît la grande générosité dont l'Afrique est bénéficiaire, mais il se demande jusqu'à quel point cette manière de faire peut être utile, si les Africains doivent continuellement attendre à trouver des solutions aux problèmes qui sont les leurs, toujours en dehors d'eux-mêmes, et quand ils se plient pour en trouver une, ce n'est justement pas pour l'intérêt commun : *« Aider a pris régulièrement le sens de donner. Apporter de l'extérieur, de l'étranger les médicaments, la nourriture, le matériel informatique, tout ce qui fait la gloire et l'honneur, en un mot, le développement Occident ou l'Asie ou l'Arabie, et qui manque à l'Afrique. On oublie à quelques centimètres près que ce qui manque à l'Afrique, c'est l'Africain, ce n'est pas d'abord quelque chose. Ce qui manque à l'Afrique c'est quelqu'un qui assumerait vaillamment le vœu fondamental de l'Africain contemporain. Un type d'homme qui sache redéfinir, se réapproprier les valeurs loyales et les porter à leur achèvement ».*[12]

Les vertus loyales doivent primer sur les « valeurs » primitives : l'égoïsme, l'individualisme (qui a caractérisé la communauté antique dans laquelle l'un travaille et la multitude en jouit, ce qu'on a confondu à tort avec la solidarité si bien qu'elle a dû exister dans sa forme la plus noble et plus cohérente). Certaines de ces valeurs se détachent parmi tant d'autres. Le sens du travail, de la communauté, l'abnégation, le goût du risque, la force, la

---

[12] F. M. KAYIJ. *Sauver l'Afrique de la dérive, défis à relever pour un continent à la taille de ses ambitions*, Paris, Edilivre, 2015, p.93.

détermination à lutter contre l'indignité. Le goût de la grandeur à ne pas confondre avec l'orgueil. Le sens de sa responsabilité personnelle qui consiste à reconnaître ses failles, ses échecs et ses ratés historiques, multiples et multiformes, à les assumer, les corriger et ajuster ses tirs en fonction d'un changement qualitatif multisectoriel, pas un type d'homme toujours innocent et victime des aléas historiques, mais un homme curieux et courageux, audacieux, ambitieux et entreprenant, prétentieux, sûr de lui, capable de savoir tenir compte des vertus qui ne sont pas exceptionnellement africaines, mais simplement humaines d'où qu'elles proviennent, si elles s'avèrent indispensables aux aspirations légitimes de notre espace vital.

L'Afrique doit rester l'Afrique, et pour son développement doit partir de l'Afrique et non d'ailleurs. Ce qui ne veut pas dire qu'elle peut ne pas se servir du savoir pour améliorer son *modus vivendi.* Il faut cesser d'inculper les autres. Aussi longtemps que les Africains ne cesseront de se poser des questions touchant à leur identité profonde, analysant jusqu'au fond leur présence au monde et prenant au sérieux leur histoire, l'Afrique ne saura pas partir. La technologie actuelle est à l'avant-garde, mais si les Africains ne s'appliquent pas à en connaître le *know-how,* ils resteront des consommateurs passifs de leurs produits, dix fois plus chers qu'ils les ont vendus et dont le taux dépend exclusivement de l'extérieur. L'Afrique est parasite parce que beaucoup de structures paralysent l'imaginaire. Et le premier mal africain, c'est l'ignorance.

VIII. Travailler et prendre de la peine

L'une des grandes valeurs africaines, est le travail. Des adages ont proclamé celui des aïeux. Je me rappelle encore un dicton populaire : *« Mugeni siku moja na ya pili lakini ya tatu umupatiye jembe »*, c'est-à-dire : « *Étranger deux jours, le troisième jour, allons aux champs »*. Le travail a toujours constitué l'une des énergies majeures de l'Afrique ancestrale. Qu'en est-il des jeunes d'aujourd'hui, de cette génération d'intellectuels qui préfèrent vaincre sans péril ?

La traite de l'esclavage et la colonisation avaient marqué le travail manuel d'une connotation péjorative. Loin d'être regardé comme une vertu de l'âme et du corps, il était vu comme une corvée. De fait, disons-le, ces travaux ne relevaient pas de la bonne volonté du travailleur. C'était toujours la force extérieure qui agissait sur lui. Dans ce contexte le colon employa toutes sortes de menaces et de pressions qui primèrent sur le sens vrai du travail. C'est le cas de la culture de la canne à sucre, du coton, du tabac, du cacao et de bien d'autres produits, cultures qui s'inscrivent toujours dans la logique des corvées, non du travail, et dont l'objectif était l'exportation. Ainsi les Africains ont dû abandonner leur culture. Et nos écoles, en Afrique, continuent à perpétuer cette manière de voir et de concevoir : les enfants qui font des fautes en classe mémoriser que le travail est une punition. Certains ont honte de dire ce qu'est le travail de leurs parents, parce qu'ils le considèrent eux-mêmes comme honteux, même si pourtant, en fin de compte, leur vie en dépend.

En effet, si le bon sens n'a jamais proféré cette absurdité monstrueuse qu'il n'y a pas de sot métier, on est bien obligé de reconnaître qu'un métier, si sot soit-il, quand on n'en a pas d'autre, on est bien forcé de l'exercer pour gagner sa vie[13].C'est le travail qui ennoblit l'homme.

À cela, il conviendrait d'ajouter des aspects importants pour la sauvegarder de l'Afrique, ainsi, la prise en considération de la dimension élastique du temps. Le temps,

---

13 F. NOHAIN, *Guide du bon sens*, Éditions des Portiques, 1932.

c'est la vie. Les secondes, les minutes, les heures qui passent dans l'inertie, si nous ne les transformons pas en actes, ce sont des années entières qui passeront et ne reviendront plus.

Je veux achever cette réflexion sur une note d'espérance, en m'inspirant du passé réel et non imaginaire :

- Saviez-vous qu'il y a, dans le Musée de la Belgique, une statue de 7 m de hauteur, provenant de la République Démocratique du Congo, contenant les calculs mathématiques (l'addition, la soustraction, la multiplication et la division) et qui date de bien avant Jésus-Christ ?

- Saviez-vous que les formules de triangulation utilisées pour le GPS remontent à 80 000 ans avant Jésus et sont d'origine sud-africaine ?

- Saviez-vous que le chiffre zéro est une invention de l'Afrique, qui initialement s'appelait « Néferon », au départ, que l'on a retrouvé dans les calculs africains datant d'il y a -1 700 ans avant J.-C., et qui ont découverts par un Français Auguste Mariette ?

- Saviez-vous qu'il y a eu, en Afrique, autant de systèmes opératoires qu'il y a eu de civilisations ?

- Saviez-vous que Thomas Filaire fut un grand mathématicien de l'époque de la traite de l'esclavage en Virginie et qu'il a été le fondateur de l'allégorisme des calculs puissants ?

- Saviez-vous que les pyramides sont une invention de l'Afrique et que les penseurs de l'Antiquité s'en sont inspirés ? Pythagore, Thalès et Platon ont étudié dans les écoles des maîtres en Afrique.

- Saviez-vous que, pendant que Hegel affirmait que les Africains étaient un peuple sans culture, bien avant la division arbitraire de l'Afrique, dans l'université où il enseignait se trouvait un professeur africain ?

Sauver l'Afrique de la dérive, c'est d'abord la sauver de l'ignorance, de la consommation des informations pessimistes, de la culture qui transforme des vérités pour le besoin de passer à tout prix un message négatif ou pessimiste. Les Africains doivent apprendre dans leurs écoles des aspects positifs pour le réveil de leur conscience et la prise en main de leur responsabilité historique et morale, dans le concert des pensées globalisées et localisées. S'ils y croient, la grande révolution prochaine sera africaine et fera d'elle le support de cette humanité en crise de valeurs.

CONCLUSION

À la fin de cette analyse, donnons en quelques lignes l'esprit qui a caractérisé la recherche de Kä Mana, tout en soulignant les points spécifiques de notre effort de compréhension.

La production des nouveaux mythes de la société négro-africaine est à attribuer au cadre de l'imaginaire social négro-africain. Ce cadre se définit par une crise des conditions mêmes de l'existence négro-africaine, de l'inertie dans tous les secteurs de la vie sociale, du désarroi de notre langage sur nous-mêmes et sur les autres, de notre existence en altérité de concert. Ces mythes qui sont l'Occident, l'identité culturelle, l'indépendance, le développement, la libération et la démocratie, au lieu de nous faire rêver, doivent être transformés par nous en problèmes qui nous font réfléchir, afin de sortir de la fausse conscience que nous avons de nous-mêmes et des autres.

Une fois devenus des problèmes nous faisant réfléchir, ces mythes doivent être convertis en énergies qui nous font agir. Force nous est de constater que c'est à ce niveau que se situe le grand mal négro-africain, au niveau du hiatus entre le verbe et l'action, le parler et le faire. Par conséquent c'est à ce niveau que doivent être focalisés tous nos efforts pour bousculer notre imaginaire. Pour y parvenir, il nous faudra un minimum de sens de notre responsabilité, de souci de changement et la conviction que l'homme a droit à la vie et ne doit pas seulement végéter. Pareille conviction nous permettrait de changer les énergies qui nous font agir en nouvelles raisons de vivre et de mourir, en nouveau motif fondamental d'espérer et de croire. Ainsi on accepterait de mourir plutôt que de vivoter. Là encore faudra-t-il ajouter que cela exige de nous une discipline éthique, et l'humain décrit dans la parole de Dieu en est le critère, la mesure. C'est le Christ à partir de qui jaillissent en nous de nouvelles raisons d'être. Ces nouvelles raisons feraient de notre imaginaire social notre nouvelle raison de vivre et de mourir, de croire et d'espérer encore. Mais pour l'effectivité de ce processus psychique et comportemental, il est indispensable d'éviter le fixisme de considération. En effet, dans le fixisme, on vit l'apathie, l'inertie. Étant donné que, de l'apathie à l'animalité il est facile de retourner à la sauvagerie, il n'y a qu'un pas et peu d'effort à fournir. L'exemple le plus parlant est celui que nous avions connu dans notre ville il y a cinq ans, avec la chasse aux Kasaïens, chasse qui était organisée aussi bien par les païens que par ceux qui se disaient chrétiens. On pourrait aussi faire allusion au génocide du Rwanda, pays dont la chrétienté a été exaltée avec les apparitions de la Vierge Marie, apparitions considérées comme authentiques par l'Église jusqu'à nos jours. Ce sont là des preuves que la parole de Dieu fut accueillie dans la passivité, le fixisme, dans un engouement religieux folklorique qu'une brise légère d'épreuves réussit à dissiper facilement.

Cette conversion éthico-mythique indispensable à notre imaginaire est donc une question de sens et non d'essence. En effet, avec le Christ, l'amour devient mesure de toute chose et prend sens, il devient la méthode et le moyen d'actualiser l'à-être humain d'une « humanité divine ».

Je n'oserais pas conclure cette étude, sans diriger l'attention sur le fait que l'Afrique doit investir dans le domaine de l'information, de la formation et de l'éducation. L'ignorance est la première cause de la misère en Afrique. Là où manque véritablement une formation solide, le taux de pauvreté est en croissance et l'exploitation de l'homme par l'homme trouve un terrain riche et fertile. Le peuple africain doit – et c'est un impératif catégorique – épouser l'esprit de la démocratie dès le plus bas âge pour une émancipation de l'homme et de tout homme.

BIBLIOGRAPHIE

Aristote, *La politica*, tr.it., UTET, Torino, 1966.

Aristotele *L'anima, III, 3, 429a 2.*

Aristote, *Sonno e veglia, III, 461a, 2 sgg.*

Astolfi, Antonella, *Phantasia in Aristotele*, Milano, Vita e Pensiero, 2011.

Bacon, Francis, *De dignitate et augmentis scientiarum,* II, 1.

Bakole wa Ilunga, *Le chemin de libération,* Ed. Archidiocèse de Kananga, 1978, p.32.

Barnouw Jeffrey, *Propositional Perception. Phantasia, Predication, and Sign in Plato, Aristotle and the Stoics.* Lanham, U.P. of America, 1989.

Bazzanella, Emiliano, *Lacan, Immaginario, simbolico e reale in tre lezioni,* Asterios, 2011.

Bitang, Jean Éric, in *Philosophe ou presque*, *Douala,* 8 janvier 2011.

Boff, Leonardo, « Que sont les théologies du Tiers Monde ? », in *CONCILIUM,* n° 219, Paris, Beauchesne, 1988.

Brodeur, Jean-Paul, *Justice distributive et justice rétributive,* Philosophiques, vol. 24, n° 1, 1997.

Bundy M. W., *The Theory of Imagination in Classical and Medieval Thought*, Urbana, University of Illinois Press, 1927.

Bruno, Giordano, *Sigillus sigillorum*, *in* Opera latina, II, 2.

Camara, Dom Helder, *Le désert est fertile*, Paris, Desclée, 1971.

Clerc, Denis, « Une mondialisation au service de l'homme », in *SPIRITUS,* n° 146, Paris, Saint-Paul, 1997.

Dessinga, G.K., *Cosa manca all'Africa?* Rome, Albatros,2013.
Devoto G., Oli G.C., *Vocabolario illustrato della lingua italiana, Selezione dal Reader's Digest, Vol.I A-L,* Milano, Felice Monnier, 1977, p.1258.
Diakite Tidiane, *50 ans après, l'Afrique,* Paris, Arléa, 2011.
« Distributive justice » sur le site de la *Stanford Encyclopedia of philosophy.*
*Enciclopedia Garzanti di Filosofia,*1981.
Fabiani, Paolo, *La filosofia dell'immaginazione in Vico e Malebranche,* 2002, Firenze, University Press. (English edition, 2009: *The Philosophy of the Imagination in Vico and Malebranche)*Peeters, 2003.
Fanon, Franz, *Peau noire, masques blancs. Paris,* Le Seuil, 1952.
Fattori, Marta, Massimo L. Bianchi (a cura di), *Phantasia - Imaginatio, Lessico Intellettuale Europeo, vol. V* .- Rome, Edizioni dell'Ateneo.
Franc-Nohain, *Guide du bon sens,* Éditions des Portiques, 1932.
Freire, P., *La pedagogia degli oppressi*, tr.it., Ega, Torino, 2002.
Freire, P., *L'educazione come pratica della libertà*, tr. It., Mondadori, Milano, 1973.
Gaibor,Théodore Nicoué. *Cinquante ans d'indépendance en Afrique subsaharienne et au Togo*, Paris, L'Harmattan, 2012.
Gentile G.*, Filosofia dell'arte* (1931).
Hegel G.W. Friedrich. *Introduzione alla filosofia della storia*, trad. J. Gibelin, Paris, Vrin,1970.
Hegel G.W. Friedrich , *Enciclopedia*
Hobbes Th., *Leviathan*, I, 8.
Horkheimer, M. et Adorno, T. W., *La dialectique de la raison,* Paris, Gallimard, 1974
Kä Mana, *L'Afrique va-t-elle mourir?*

Kä Mana, *Christ d'Afrique, enjeux éthiques de la foi africaine en Jésus-Christ,* Karthala-Ceta-Cle-Haho, Paris, Nairobi, Yaoundé, Lomé, 1994.

Kä Mana, *Théologie africaine pour temps de crise. Christianisme et reconstruction de l'Afrique,* Paris, Karthala, 1993.

Kä Mana, « Regards sur les temps actuels : Les droits de Dieu », *in Zaïre-Afrique,* n°153, Kinshasa, mars 1981.

Kayij, F. M., *Sauver l'Afrique de la dérive, Défis à relever pour un continent à la taille de ses ambitions,* Edilive, 2015.

Kant, I., *Antropologia, I,28*

Ki Zerbo, *A quando l'Africa*, Bologna, EMI, 2005.

Ki-Zerbo, J., *Histoire de l'Afrique noire*, Paris, Hatier, 1978.

Lalande, A., *Vocabulaire technique et critique de la philosophie,* PUF, Paris, 1991.

Latouche, Serge, *Décoloniser l'imaginaire,* Parangon/Vs, 2005.

Lazzati, G., *Formazione politica per la società a servizio dell'uomo*, in AA.VV., *Giovani e politica*, Ed. del Rezzara, Vicenza, 1985.

Lodi Nauta, Detlev, Pätzold, *Imagination in the Later Middle Ages and Early Modern Times*, Leuven, Peeters, 2004.

Lugard, F.D, *The dual mandate in British tropical Africa*, Edinburg, London, 1992.

Mabika J. N., *Cours de métaphysique générale,* Université de Lubumbashi, 1990.

Marcien, Towa, *Essai sur la problématique philosophique dans l'Afrique actuelle*, Éd. Clé, Yaoundé, 1981.

Monticone, A., Valori e abiti virtuosi dell'agire politico, in *associazione « città dell'uomo »* a cura di politica educativa. 1989.

Napolitano,Valditara Linda M. *Platone e le "ragioni" dell'immagine: percorsi filosofici e deviazioni tra metafore e miti,* Vita e Pensiero, 2007 p.238.

Nkombe Oleko, « *Les forces politiques* », in Noraf, vol. III – n°9, octobre 1987.
Petrelli, Oronzo, *Educazione politica*, Milela,1989.
Platon, *Timée*, 71a sgg.
Plotin, *Ennéades, IV,4,13.*
Popper, Karl, *La società aperta e i suoi nemici,* Roma Armando, 2003.
Quintilien, *Institutio oratoria*, VI, 2.
Ricœur, P., *La mémoire, l'histoire, l'oubli*, Paris, Seuil, 2000.
Ricoeur, P., *Parcours de la reconnaissance,* Paris, Gallimard, 2004.
Sartre, J.-P., *L'imaginaire, psychologie phénoménologique de l'imagination,* cité dans l' *Encyclopaedia Universalis*, Volume VIII, 1987, p. 73.
Schlegel, K.W. Friedrich**,** *Lo sviluppo della filosofia, libro....*
Sériaux, Alain, *Le droit naturel.* Coll. « Que sais-je *?* » Paris, PUF, 1999.
Shòn Donald, Allan, *Formare il professionista riflessivo*, trad. ita. di David Capparucci, Franco Angeli, Milano, 2006.
Smill, John, cité par Theodor Nicoué Gaibor.
Thomas, d'Aquin, saint, cité dans *Le droit naturel* d'Alain Sériaux.
Tshikoji, S., *Les figures paradoxales du discours politique africain et crise d'identité*Éveil et croissance, n°19-KIN, 1998.
Valadier, Paul, *Des repères pour agir*, Paris, Desclée, 1989.
Villey, Michel, *La formation de la pensée juridique moderne*, Paris, PUF, 2003.
Watson, Gerald, *Phantasia in Classical Thought*, Galway University Press, 1988.
Ziegler, Jean, *L'Empire de la honte*, Paris, Fayard 2005.

Sitographie

https://www.facebook.com/ckienge/posts/991383124281674
https://fr.wikipedia.org/wiki/Justice
https://fr.wikipedia.org/wiki/Homme-de-Tian'anmen

Table des matières

Préface **5**

Introduction **9**

CHAPITRE I
L'imaginaire social et Négro-Africain **13**

I. L'imaginaire, un excursus historique 13

1. Platon 14

2. Aristote 15

3. Plotin 16

4. Giordano Bruno 16

5. Empirisme 17

II. L'imagination et l'art 17

1. Vico 17

2. Hobbes 18

3. Kant 18

4. Idéalisme 19

III. Réflexion contemporaine sur l'imagination et l'imaginaire 20

1. L'imagination 20

2. L'imaginaire 21

CHAPITRE II
Le cadre de l'imaginaire social Négro-Africain **23**

I. Le contexte de l'existence et les fonctions herméneutiques 23

1. Kevin Dessinga...25
2. L'exploitation...26
3. L'injustice...28
4. L'ignorance...31
II. Kä Mana et l'imaginaire africain...36
1. Les conditions de l'existence humaine.................................36
2. Les fonctions herméneutiques...39
1) Penser...39
2) Vouloir...39
3) Juger...40
III. Les figures paradoxales de la société : langage et représentations...40
1. Le paradoxe central...41
2. Les paradoxes spécifiques...42
1) Le paradoxe économique...42
2) Le paradoxe politique...43
3) Le paradoxe religieux...44
4) Le paradoxe social...45
5) Le paradoxe culturel...46
6) Les paradoxes de la recherche scientifique.............................46
IV. Le langage de la crise et ses représentations imaginaires...51
1. La dialectique du maître et de l'esclave.................................54
2. La dialectique du vainqueur et du vaincu.................................54
3. La dialectique du père et du fils...55
4. Les implications de la crise négro-africaine.............................55

5. La crise de la mémoire historique.....55

6. La crise de la force créatrice.....56

7. La crise de sens.....57

8. Instance critique.....57

CHAPITRE III
LES MYTHES DE L'IMAGINAIRE SOCIAL NÉGRO-AFRICAIN ET LEURS PERSPECTIVES HERMÉNEUTIQUES 59

I. Le mythe de l'Occident et sa perspective herméneutique 60

1. Le mythe et son imaginaire 60

2. De la perspective herméneutique.....63

II. Le mythe de l'identité culturelle et sa perspective herméneutique 66

1. Le mythe et son imaginaire 66

2. De la perspective herméneutique.....68

III. Le mythe de l'indépendance et sa perspective herméneutique 70

1. Du mythe et de son imaginaire.....70

2. De la perspective herméneutique.....73

IV. Le mythe du développement et de sa perspective.....74

1. Du mythe et de son imaginaire.....74

2. De la perspective herméneutique.....76

V. Le mythe de la libération et sa perspective herméneutique 78

1. Le mythe et son imaginaire 78

2. La perspective herméneutique.....79

VI. Le mythe de la démocratie et le pluralisme politique 81

1. Le mythe et son imaginaire 81

2. La perspective herméneutique 85

VII. Instance critique 89

CHAPITRE IV
POUR UN NOUVEL ORDRE ÉTHIQUE ET POLITIQUE **93**

I. Des questions essentielles 93

II. La conversion éthico-mythique selon l'auteur 97

III. Instance critique 102

CHAPITRE V
ENRICHISSEMENT DE LA PENSÉE DE KÄ MANA **105**

I. Sauver l'Afrique de la dérive, reposer le problème 107

II. L'éducation à la rationalité 108

III. L'importance de la femme et son rôle dans le mythe africain 111

IV. Sauver la femme de l'ignorance 114

V. Le sens du risque mal orienté 118

VI. Il faut une éducation à la démocratie 122

VII. L'occidentalisation de l'Afrique un mythe, un salut, une utopie 132

VIII. Travailler et prendre de la peine 135

CONCLUSION **139**

BIBLIOGRAPHIE **143**

L'Afrique

aux éditions L'Harmattan

Dernières parutions

FAMILLE ET POLITIQUE EN AFRIQUE
Entre le meilleur et le pire
Sané Ibou, Angoula Jean-Claude - Préface de Boubacar Ly
Depuis plusieurs décennies, certains États d'Afrique ne connaissent que des dirigeants issus d'une même famille biologique. Enjeu essentiel du développement des pays au sud du Sahara, le pouvoir politique peut être désormais interprété selon les successions dynastiques et le phénomène des cénacles familiaux. Cette étude ne se limite pas seulement aux frontières de l'Afrique. Elle porte sur les réformes pour pacifier les relations sociales et éviter la disparition de nombreuses familles pauvres au profit de quelques familles riches.
(Coll. Études africaines, 25.00 euros, 236 p.)
ISBN : 978-2-343-09330-7, ISBN EBOOK : 978-2-14-001615-8

LE DÉVELOPPEMENT INTÉGRÉ DE L'AFRIQUE PAR LES BASSINS FLUVIAUX
Cas des bassins du Congo et du Nil
Lukunda Vakala-Mfumu Richard - Préface de Benjamin Mulamba Mbuyi
La mise en valeur rationnelle d'importants cours d'eau dont dispose l'Afrique pourrait permettre à ce continent, à travers la diversification des usages de l'eau et la coopération internationale, d'accéder à une intégration socio-économique. Pour ce faire, les bassins des fleuves Nil et Congo devraient être mis à contribution pour la réalisation de cet objectif : une Union panafricaine des bassins fluviaux.
(Coll. Notes de cours, 29.00 euros, 270 p.)
ISBN : 978-2-343-09477-9, ISBN EBOOK : 978-2-14-001397-3

DÉBAT THÉOLOGIQUE ET RELIGIEUX
Cahiers de l'IREA IV
Ce numéro consacré au débat théologique et religieux rassemble plusieurs articles : anthropologie religieuse de l'expérience populaire ; l'impact du Concile Vatican II sur les développements de l'ecclésiologie et la communication de la foi en Afrique ; l'en-soi et le pour-nous de l'évènement résurrectionnel, les messages prophétiques entre effervescence religieuse et manipulation politique en Côte-d'Ivoire ; l'endogamie dans les Églises du réveil ; Boko Haram et crise sécuritaire au Nigeria et au Cameroun ; Crise identitaire et fanatisme religieux au Cameroun.
(Coll. Cahiers de l'IREA, 22.50 euros, 218 p.)
ISBN : 978-2-343-09752-7, ISBN EBOOK : 978-2-14-001567-0

DÉMOCRATISATION ET RELIGION EN AFRIQUE NOIRE
L'émergence de la gouvernance de ré-enchantement
Zognong Dieudonné
L'effervescence religieuse actuelle du continent sous-développé donne plus à penser qu'à prier. Car ce ré-enchantement du monde repose plutôt sur l'exégèse théologico-politique, dont on sait le bilan historique, inquiétant et belliqueux. D'où le présent essai de décryptage philosophique de la flambée du « désir de Dieu » dans l'Afrique afro-pentecôtiste. Apportant la philosophie de la piété aux études africaines, ce livre inaugure par ailleurs un nouveau champ, la sociologie africaine des spiritualités hermétistes.
(20.00 euros, 188 p.)
ISBN : 978-2-343-06619-6, ISBN EBOOK : 978-2-14-001416-1

LA CRÉATION DES ORGANISMES INTERNATIONAUX ET COMMUNAUTAIRES EN ZONE CEMAC
L'exemple du Comité inter-États des pesticides d'Afrique Centrale (CPAC)
Bouato Benoît B.
Préface de Joseph Vincent Ntuda Ebodé / Postface de Charles Binam Bikoi
L'auteur de cet ouvrage a eu envie de raconter l'histoire d'un organisme qu'il a vu naître, et partager son expérience, à sa manière et selon ses sentiments. Ici il est démontré comment le Comité inter-Etats des pesticides d'Afrique Centrale est parti d'une petite association d'experts phytosanitaires pour devenir un organisme intergouvernemental. Beaucoup d'institutions ne naissent pas spontanément telles qu'on les voit. Mais retrouve-t-on les traces de leur naissance ?
(Harmattan Cameroun, 24.00 euros, 226 p.)
ISBN : 978-2-343-09341-3, ISBN EBOOK : 978-2-14-001403-1

LA FORCE AFRICAINE EN ATTENTE (FAA)
Quelle opérationnalité ?
Nzaou Elton Paul
La Force africaine en attente (FAA), force de maintien de la paix agissant sous la direction de l'Union africaine, fut déclarée totalement opérationnelle en janvier 2016. L'auteur, expert en opérations de maintien de la paix, a suivi pendant dix ans le processus d'opérationnalisation de cette Force. Il en tire ici les premières conclusions, positives et négatives, avant de développer ses propres propositions et recommandations.
(Coll. Études africaines, 29.00 euros, 332 p.)
ISBN : 978-2-343-09179-2, ISBN EBOOK : 978-2-14-001318-8

LES DÉFIS DE LA RECHERCHE EN AFRIQUE
Perspectives et enjeux
Bobongaud Stève Gaston
Ce livre procède à une prospection générale de la réalité que représente la recherche, ainsi qu'à sa détermination épistémologique en contexte africain. Le soubassement théorique des investigations est constitué par le milieu universitaire, qui assure une part centrale de la recherche en contexte continental.
(Harmattan Cameroun, 16.50 euros, 148 p.)
ISBN : 978-2-343-09546-2, ISBN EBOOK : 978-2-14-001393-5

LES DÉFIS DE LA POLITIQUE DE RÉGÉNÉRATION ET D'AMÉNAGEMENT FORESTIERS AU CAMEROUN

Eloundou André Jules

C'est au cours de la décennie 1990 que le Cameroun a véritablement impulsé une réelle politique de régénération et d'aménagement forestiers. Pour relever les défis inhérents à un tel engagement, le Cameroun a pris l'option de la décentralisation de la gestion du patrimoine forestier à travers la création des forêts communales et communautaires. Le pays bénéficie du soutien des partenaires étrangers. Toutefois, la coopération internationale impose également sa part de conditionnalités.

(Harmattan Cameroun, 21.50 euros, 204 p.)

ISBN : 978-2-343-09376-5, ISBN EBOOK : 978-2-14-001456-7

L'AFRIQUE ET LES MÉCANISMES UNIVERSELS DE JUSTICE PÉNALE INTERNATIONALE

Azé Kerté Amoulgam

Quelles sont les motivations profondes qui poussent les États africains à vouloir se retirer des mécanismes de justice et quelles sont les solutions palliatives envisagées ? Tel est le questionnement qui a conduit à cette étude et a permis de déterminer les facteurs manifestes et latents à l'origine du retrait progressif de ces États de la CPI et leur soulèvement collectif contre l'application du principe de compétence universelle, et à analyser les solutions de substitution qu'ils proposent.

(Harmattan Cameroun, 14.50 euros, 130 p.)

ISBN : 978-2-343-09445-8, ISBN EBOOK : 978-2-14-001382-9

AGROÉCOLOGIE ET GESTION DURABLE DES SOLS EN AFRIQUE SOUDANO-SAHÉLIENNE

Hinimbio Taïda Pierre - Préface de Noé Woïn

La baisse de la fertilité des sols, le surpâturage, les feux de végétation et la déforestation font partie de la liste des fléaux qui affligent la terre agropastorale en Afrique soudano-sahélienne. Pour inverser cette tendance de dégradation, des techniques en agroécologie sont préconisées, en l'occurrence les aménagements antiérosifs, les systèmes agroforestiers et de culture sur couverture végétale, l'objectif ultime étant une meilleure gestion des sols pour une productivité agricole satisfaisante, durable et respectueuse de l'environnement.

(Harmattan Cameroun, 23.50 euros, 222 p.)

ISBN : 978-2-343-08774-0, ISBN EBOOK : 978-2-14-001370-6

NOËL BALLAY, L'AFRICAIN

Avec et sans Brazza

Delanoue Lydie

Si les biographies de Pierre Savorgnan de Brazza sont légion, il n'en existait aucune de Noël Ballay, qui, à la fin de sa vie, gouvernait l'Afrique Occidentale Française après plusieurs expéditions en Afrique et au Congo. Il convenait de réparer cet oubli en montrant l'importance de son rôle dans la formation du second Empire colonial français.

(Coll. Biographies, 38.00 euros, 456 p.)

ISBN : 978-2-343-09468-7, ISBN EBOOK : 978-2-14-001351-5

L'AFRIQUE D'AUJOURD'HUI
Paroles d'Africains
Audoynaud André
L'Afrique va mal... Et, parce que l'actualité ne cesse de déciller nos yeux, il faut aujourd'hui déconstruire le mythe d'une Afrique qui va bien. Dès lors, qui, mieux que les Africains eux-mêmes, peut légitimement et justement parler de l'Afrique ? Ce livre leur permet d'occuper tout l'espace de l'opinion pour que leur clairvoyance soit mise au service de notre réflexion.
(39.00 euros, 438 p.)
ISBN : 978-2-343-07845-8, ISBN EBOOK : 978-2-336-39874-7

GOUVERNANCE D'ENTREPRISE EN AFRIQUE
Guide de l'administrateur et du directeur général
Traore Bakari
La gouvernance d'entreprise est devenue une nécessité pour garantir la durabilité des entreprises. En Afrique, et particulièrement dans l'espace OHADA, de nombreuses entreprises ne pratiquent pas encore la gouvernance. On note cependant un intérêt croissant des entreprises pour une démarche éthique et la responsabilité sociétale qui constituent des facteurs indispensables pour asseoir la bonne réputation de l'entreprise et lui donner un accès durable à des marchés, à des sources de financement, à des sites d'exploitation.
(Coll. Études africaines, 26.50 euros, 250 p.)
ISBN : 978-2-343-06335-5, ISBN EBOOK : 978-2-336-39904-1

L'ISLAM AFRICAIN FACE À LA SHARIA ORIENTALE
Penseurs et islamologues
Diagne Pathé
Dès ses origines, l'islam africain s'est constitué en toute liberté, en relisant et en interprétant le Coran avec ses guides religieux préislamiques convertis. Il s'est tôt forgé historiquement, en ses propres termes, dans l'espace subsaharien et ses empires souverains. Il a pu le faire en toute indépendance jusqu'à l'époque des conquêtes coloniales européennes et des Jihaad du XIXe siècle. Il a pris contenu, forme et spécificité, eu égard aux traditions monothéistes très anciennes dont il héritait sur le terrain.
(Coédition Sankoré, 34.00 euros, 390 p.)
ISBN : 978-2-343-07301-9, ISBN EBOOK : 978-2-336-39791-7

L'HARMATTAN ITALIA
Via Degli Artisti 15; 10124 Torino
harmattan.italia@gmail.com

L'HARMATTAN HONGRIE
Könyvesbolt ; Kossuth L. u. 14-16
1053 Budapest

L'HARMATTAN KINSHASA
185, avenue Nyangwe
Commune de Lingwala
Kinshasa, R.D. Congo
(00243) 998697603 ou (00243) 999229662

L'HARMATTAN CONGO
67, av. E. P. Lumumba
Bât. – Congo Pharmacie (Bib. Nat.)
BP2874 Brazzaville
harmattan.congo@yahoo.fr

L'HARMATTAN GUINÉE
Almamya Rue KA 028, en face
du restaurant Le Cèdre
OKB agency BP 3470 Conakry
(00224) 657 20 85 08 / 664 28 91 96
harmattanguinee@yahoo.fr

L'HARMATTAN MALI
Rue 73, Porte 536, Niamakoro,
Cité Unicef, Bamako
Tél. 00 (223) 20205724 / +(223) 76378082
poudiougopaul@yahoo.fr
pp.harmattan@gmail.com

L'HARMATTAN CAMEROUN
TSINGA/FECAFOOT
BP 11486 Yaoundé
699198028/675441949
harmattancam@yahoo.com

L'HARMATTAN CÔTE D'IVOIRE
Résidence Karl / cité des arts
Abidjan-Cocody 03 BP 1588 Abidjan 03
(00225) 05 77 87 31
etien_nda@yahoo.fr

L'HARMATTAN BURKINA
Penou Achille Some
Ouagadougou
(+226) 70 26 88 27

L'HARMATTAN SÉNÉGAL
10 VDN en face Mermoz, après le pont de Fann
BP 45034 Dakar Fann
33 825 98 58 / 33 860 9858
senharmattan@gmail.com / senlibraire@gmail.com
www.harmattansenegal.com

Achevé d'imprimer par Corlet Numérique - 14110 Condé-sur-Noireau
N° d'Imprimeur : 135963 - Dépôt légal : février 2017 - *Imprimé en France*

www.ingramcontent.com/pod-product-compliance
Lightning Source LLC
LaVergne TN
LVHW021224061026
849535LV00008B/2912